Dale significado a tu vida

y

Bill Hybels
Con: Kevin y Sherry Harney

Toma control de tu vida

Serie de Interacciones para grupos pequeños

Fruto del Espíritu: Viviendo una vida sobrenatural
Transformación: Permitiendo que Dios te cambie desde adentro

Dale significado a tu vida: Entiende el propósito de Dios para tu vida
Toma control de tu vida: Encuentra el balance en tu vida diaria

Lo verdaderamente genuino: Descubre la recompensa de las relaciones auténticas
Consagración: Desarrollando una profunda devoción por Cristo

Vivir en el poder de Dios: Encontrando la fortaleza divina para los desafíos de la vida
Jesús: Una mirada franca al Salvador

Comunidad: Construyendo relaciones dentro de la familia de Dios
Alcance: Compartiendo el amor de Dios naturalmente

Encontrar a Dios: Salmos para los altibajos de la vida
Oración: Abriendo tu corazón a Dios

Autenticidad: Siendo honesto con Dios y con los demás
Cristianismo esencial: Pasos prácticos para el crecimiento espiritual

Lecciones de amor: Edificando relaciones sólidas
Amor en acción: Experimentando el gozo de servir

Carácter: Reivindicando seis cualidades en peligro
Nueva identidad: Descubriendo quién eres en Cristo

Matrimonio: Edificando una real intimidad
Crianza: Cómo criar hijos espiritualmente sanos

InterAcción
Serie para grupos pequeños

SEIS SESIONES
DALE SIGNIFICADO A TU VIDA

ENTIENDE EL PROPÓSITO
DE DIOS PARA TU VIDA

BILL HYBELS
Con: Kevin y Sherry Harney

ENCUENTRA EL BALANCE

EN TU VIDA DIARIA

SEIS SESIONES
TOMA CONTROL DE TU VIDA

Vida®

> La misión de Editorial Vida es proporcionar los recursos necesarios a fin de alcanzar a las personas para Jesucristo y ayudarlas a crecer en su fe.

DALE SIGNIFICADO A TU VIDA y TOMA CONTROL DE TU VIDA
Edición en español publicada por EDITORIAL VIDA —2008
Miami, Florida
© 2008 por WILLOW CREEK ASSOCIATION

Originally published in the U.S.A. under the titles:
Significance y **Getting a Grip**
Significance **Copyright © 1997** y
Getting a Grip **Copyright © 1998 by Willow Creek Association**
Published by permission of Zondervan, Grand Rapids, Michigan

Traducción: *Elizabeth Fraguela M.*
Edición: *Wendy Bello*
Diseño interior: *artserv*
Adaptación de la cubierta: *Cathy Spee*

Reservados todos los derechos. **A menos que se indique lo contrario**, el texto bíblico se tomó de la *Santa Biblia Nueva Versión Internacional* de la Sociedad Bíblica Internacional.

ISBN 978-0-8297-4942-7

Categoría: Estudios bíblicos / Guía de estudio bíblico

Impreso en Estados Unidos de América
Printed in the United States of America

08 09 10 11 12 13 ❖ 6 5 4 3 2 1

CONTENIDO

Interacciones 7

Dale significado a tu vida

Introducción: Entiende el propósito de Dios para tu vida 9

Sesión 1
    El apasionado amor de Dios 11

Sesión 2
    La presencia de Dios 19

Sesión 3
    El poder de Dios .27

Sesión 4
    El plan de Dios 35

Sesión 5
    El propósito de Dios 45

Sesión 6
    Las promesas de Dios. 53

Notas para el líder. 61

Toma control de tu vida

Introducción: Encuentra el balance en tu vida diaria 93

Sesión 1
    El control de tu vida 95

Sesión 2
    El control de tu horario. 103

Sesión 3
    El control de tu cuerpo 111

Sesión 4
    El control de tus finanzas 121

Sesión 5
    El control de tu vida espiritual. 131

Sesión 6
    El control de tus relaciones. 141

Notas para el líder. 149

Interacciones

En 1992, Willow Creek Community Church, en sociedad con Zondervan y la Asociación Willow Creek, publicó un currículo para grupos pequeños y tituló la serie *Walking with God*. Desde hace solo tres años, ya se han estado usando casi medio millón de copias de esta guía de estudio para grupos pequeños en iglesias alrededor del mundo. Esta respuesta fenomenal a este currículo afirmó la necesidad de materiales bíblicos relevantes para grupos pequeños.

Mientras escribimos este currículo, hay casi tres mil grupos pequeños que se reúnen regularmente dentro de la estructura de la iglesia Willow Creek Community Church. Creemos que esta cantidad aumentará a medida que continuemos dándole un valor central a los grupos pequeños. Muchas otras iglesias a través del mundo también están creciendo en su consagración a los ministerios de grupos pequeños, así que está aumentando la necesidad de los recursos.

La serie de Interacciones para grupos pequeños se creó en respuesta a esta gran necesidad. La Asociación Willow Creek y Zondervan se unieron y crearon un nuevo método para los materiales de grupos pequeños. Estas guias de estudio tienen el propósito de retar a los miembros del grupo para llegar a profundizar el intercambio, crear líneas de responsabilidad, llevar a los seguidores de Cristo a la acción y ayudar a los miembros del grupo a convertirse en seguidores completamente devotos a Cristo.

Sugerencias para el estudio individual

1. Comienza cada sesión con una oración. Pide a Dios que te ayude a comprender el pasaje y aplicarlo a tu vida.
2. Una buena traducción moderna, tal como la Nueva Versión Internacional, te dará una gran ayuda. Las preguntas en esta guía están basadas en la Nueva Versión Internacional.
3. Lee y vuelve a leer el o los pasajes. Tú debes saber qué dice el pasaje antes de entender lo que significa y cómo se aplica a ti.
4. Escribe tus respuestas en los espacios provistos en la guía de estudio. Esto te ayudará a expresar con claridad tu comprensión del pasaje.
5. Ten un diccionario bíblico a la mano. Úsalo para buscar palabras, nombres o lugares desconocidos.

Sugerencias para el estudio en grupo

1. Prepárate antes de venir a la sesión. Una preparación cuidadosa enriquecerá mucho tu participación en los intercambios de ideas del grupo.
2. Ven dispuesto a unirte a los comentarios. El líder del grupo no dará una conferencia, sino que motivará a las personas a expresar lo que aprendieron en el pasaje. Planea decir lo que Dios te enseñó en tu estudio individual.
3. No te apartes del pasaje que se está estudiando. Basa tus respuestas en los versículos que se están comentando en lugar de basarlos en autoridades externas tales como comentarios o tu autor u orador favorito.
4. Procura ser sensible a los otros miembros del grupo. Escucha con atención cuando ellos hablan y apóyalos cada vez que te sea posible. Esto motivará a los miembros del grupo que dudan participar.
5. Ten el cuidado de no dominar los comentarios. Participa, pero permite que otros tengan igual cantidad de tiempo.
6. Si eres el líder de los comentarios, encontrarás sugerencias adicionales e ideas útiles en las Notas del Líder.

Recursos adicionales y materiales de enseñanza

Al final de esta guía de estudio encontrarás una colección de recursos y materiales de enseñanza para ayudarte en tu crecimiento como un seguidor de Cristo. También encontrarás recursos que ayudarán a tu iglesia a desarrollar y formar seguidores completamente devotos a Cristo.

Introducción: Entiende el propósito de Dios para tu vida

Al principio de mi ministerio de adultos salí a almorzar con un amigo que me dijo: «Has estado trabajando con jóvenes durante los últimos años, ¿verdad?» Le dije: «Sí, sobre todo con estudiantes de secundaria». Después este continuó diciendo: «Bueno, ¡te aguarda una sorpresa!»

Mi amigo tenía algunas cosas que comunicarme. Dijo: «¿Sabes lo que vas a encontrar? Los niños y los jóvenes siguen siendo flexibles y están dispuestos a cambiar, para ellos la transformación es muy fácil. Pero los adultos resisten el cambio a toda costa».

¡Qué manera de frustrar los sueños de un pastor joven e idealista! Pensé para mis adentros: *«Espero estar equivocado»*. Tenía la intención de orar y predicarle de todo corazón a los adultos que vinieran a nuestra nueva iglesia. Tenía la esperanza de que cada uno de ellos experimentara la transformación masiva y dramática que trae un nuevo día a sus vidas.

¿Sabes lo que descubrí en el transcurso de los años? Que mi bien intencionado amigo estaba equivocado, muy equivocado. He descubierto que la mayoría de los adultos sí cambian... ¡para empeorar! Esta no es una exageración y en realidad lo creo así.

Muéstrame a una persona de treinta años de edad que quiera perder cinco libras, y quince años más tarde te mostraré a esa misma persona necesitando perder veinte libras. Muéstrame a un homosexual de dieciocho años que se siente culpable de tener tres encuentros inmorales al año y diez años más tarde te mostraré a esa misma persona buscando tres de esos encuentros emocionantes a la semana. Muéstrame a una persona que se preocupa mucho a los diecisiete años y a los cuarenta te mostraré a esa misma persona padeciendo de úlceras y presión alta. ¿Entiendes a qué me refiero? Con frecuencia los adultos van de mal en peor.

Nuestros cuerpos están en un proceso de lento deterioro. Pero es triste decir que con el tiempo nuestros patrones de conducta también tienen una forma de deteriorarse. En lugar de mejorar, nuestros problemas y los malos hábitos cada vez se vuelven más serios. Tras años de intentos infructuosos tratando de cambiar esos patrones, nos vemos desgastándonos, dándonos por vencidos y rindiéndonos ante las circunstancias. Nos sentimos esclavizados a las cadenas que surgen para impedir que nos mantengamos moviéndonos hacia adelante. Nos preguntamos si hay alguna esperanza de libertad y significado más allá de las luchas.

Pues hoy les tengo buenas noticias. Dios no solo nos da la esperanza de libertad, sino que ¡nos promete mucho más! En esta serie de interacciones descubriremos cómo romper las cadenas que nos atan y cómo descubrir la importancia y el propósito que siempre hemos ansiado experimentar. El apóstol Pablo escribió: «Cristo nos libertó para que vivamos en libertad. Por lo tanto, manténganse firmes y no se sometan nuevamente al yugo de esclavitud» (Gálatas 5:1).

Mi oración por ti es que experimentes la importancia y el propósito a plenitud de Dios y que observes cómo él rompe las cadenas que te atan.

Bill Hybels

SESIÓN 1 — DALE SIGNIFICADO A TU VIDA

El apasionado amor de Dios

EL GRAN PANORAMA

Tarde en la noche recibí una llamada telefónica de un hombre que me pidió que me reuniera con él en un restaurante de la localidad. Mientras conducía hasta allí, supe que algo andaba mal. Cuando me senté con él, comenzó a contarme acerca de sus planes de dejar a su esposa e hijos por una mujer de quien alegaba haberse enamorado. Pasé las próximas dos horas suplicándole que no abandonara a su esposa e hijos, traté todos los métodos del libro, hablé con él sobre cómo esa decisión afectaría los cumpleaños y las graduaciones de sus hijos, las mañanas de Navidad y todos los días especiales en los años venideros. Traté de ayudarle a enfocarse en la devastación que esto traería al corazón de su esposa. Hablé sobre cosas prácticas tales como el apoyo financiero y la pensión que tendría que pasarle a su esposa y a sus hijos.

Hasta intenté, sin mucho esfuerzo, informarle qué dice la Palabra de Dios con respecto a asuntos como ese. Sin embargo, mi optimismo no era suficiente para pensar que ese método le afectaría. Como ves, este era un hombre que había asistido a la iglesia durante casi toda su vida, había escuchado miles de sermones, se sabía de memoria todos los versículos de la Biblia. Pero se había hermetizado ante la obra transformadora del Espíritu Santo. Esa noche salí de la reunión desalentado y sin mucha esperanza de que ese hombre cambiara de idea.

Poco tiempo después este mismo individuo me pidió que nos volviéramos a reunir. Temí lo peor, pero cuando entró por la puerta, realmente se veía diferente. Me comunicó que estaba reconsiderando su relación con esa otra mujer. Quería hacer lo correcto, es decir, seguir por los caminos de Dios. Le pregunté qué había ocasionado ese cambio de parecer. Dijo: «Esto le va a parecer algo sensiblero, pero después de nuestra última reunión, subí al carro y encendí el radio. Escuché a un coro cantando: "Oh, gracia admirable, ¡dulce es! ¡Que a mí, pecador, salvó!" He escuchado ese himno miles de veces, pero por primera vez sentí la sublime gracia de Dios en lo profundo de mi corazón».

Me explicó cómo se identificó con ese «pecador» que menciona el himno. Dijo: «Yo estaba haciendo añicos el corazón de mi esposa, destrozando a mi familia, desafiando la Palabra de Dios y esquivando el consejo de mi pastor y de otros amigos íntimos cristianos. Por primera vez mi corazón se aferró al hecho de que aunque soy un pecador, Dios aún me ama». En ese momento decisivo se comprometió a hacer todo lo posible por rehacer su matrimonio. Por suerte, tenía una buena esposa que lo perdonó y su historia tuvo un final feliz.

¿Cuál fue la fuente de esa poderosa transformación? Una fuerte convicción de la realidad del amor apasionado de Dios.

Tengo una teoría. Creo que las personas que viven una vida cristiana abundante, que viven en un plano espiritual más profundo, que están consagrados a Cristo desde la misma raíz, que se mantienen fuertes durante los tiempos de crisis, que tienen una fe vibrante, que se atreven a vivir en una situación precaria, tienen algo en común: en algún punto de sus vidas han sentido el amor de Dios de primera mano. Y el toque de su mano amorosa los ha cambiado para siempre.

UNA AMPLIA PERSPECTIVA DE TU MUNDO

1 Relata si alguna vez experimentaste el amor de Dios de una forma profunda y personal.

SESIÓN 1: EL APASIONADO AMOR DE DIOS

UN RETRATO BÍBLICO

Lee Isaías 43:4; Juan 15:9; Efesios 3:14-19

2 Después de haber leído estos pasajes, termina esta declaración:

Cuando Dios piensa en mí, él se siente...

3 ¿Qué significa estar «arraigado y confirmado en amor» en *uno* de estos aspectos:

- Conocer el amor de Dios por ti
- Expresar tu amor por Dios
- Vivir el amor de Dios en tus relaciones con los demás

DEFINIR EL ENFOQUE

Lee la Instantánea «¡Dios dice que te ama!»

¡Dios dice que te ama!

Puedes saber que Dios te ama ¡porque así lo ha dicho! Isaías 43:4 dice: «Porque te amo y eres ante mis ojos precioso y digno de honra». Dios ha usado muchas imágenes en la Biblia para comunicar la profundidad de su amor. Dice:

- Te amo más que una gallina ama a sus pollitos (Mateo 23:37).
- Te amo más que un buen pastor ama a sus ovejas (Juan 10:11-14).
- Te amo más que el más compasivo padre ama a su hijo (Salmo 103:13).
- Te amo más que una madre que amamanta a su bebé (Isaías 49:15).

4 Cada una de las imágenes de esta Instantánea comunica diferentes dinámicas de la naturaleza del amor de Dios por ti. Explica qué aprendes sobre el amor de Dios en cada una de las siguientes imágenes:

- Una gallina

- Un buen pastor

- Un padre compasivo

- Una madre que amamanta

5 Dios solo pudo haber dicho: «¡Te quiero!» Pero en su lugar usó muchas ilustraciones diferentes para explicarlo mejor. ¿Por qué fue Dios tan creativo al expresar su amor por ti?

SESIÓN 1: EL APASIONADO AMOR DE DIOS

Lee la Instantánea «Dios ha demostrado su amor por ti»

Dios ha demostrado su amor por ti

Gary Gilmore baleó al oficinista de un motel en Provo, Utah. Lo arrestaron, lo encontraron culpable y lo sentenciaron a morir ante un escuadrón de fusilamientos. Cuando esas noticias se publicaron, el país se escandalizó por causa de la pena capital. Hubo gran alboroto concerniente a si debían ejecutar o no a Gary Gilmore. El Tribunal Supremo recibió la petición de suspender la orden de su ejecución, la Unión Americana de Libertades Civiles presentó una demanda y los grupos religiosos mantuvieron vigilias nocturnas de oración. Pero hasta donde sé, nadie, de los millones de personas que hay en los Estados Unidos, se ofreció para ocupar su lugar. Nadie dijo: «Déjenme recibir esas balas».

Hay una gran verdad en dichos como el de «habladurías baratas» y «buenas acciones valen más que buenas razones». El verdadero amor implora que se exprese. No hay forma más dramática de demostrar tu amor por alguien que el de dar tu vida por esa persona. Y eso es exactamente lo que Jesús hizo: dio su vida por nosotros, dando pruebas del amor de Dios de una vez por todas. «Porque tanto amó Dios al mundo, que dio a su Hijo unigénito, para que todo el que cree en él no se pierda, sino que tenga vida eterna» (Juan 3:16).

6 Describe la clase de amor que necesitarías tener para dar tu vida por otra persona.

¿Cómo te sentirías si ofrecieras un increíble acto de sacrificio por alguien e incluso así se cuestionara tu amor?

7 ¿Cómo expresas tu gratitud por la forma en que Dios ha demostrado su amor por ti?

Lee la Instantánea «Dios continúa demostrando su amor»

Dios continúa demostrando su amor

Si Dios dio la posesión más preciosa que tenía para expresar su gran amor por ti, ¿piensas que sería tacaño con las demás provisiones para ti? ¿Impediría que recibieras los recursos que necesitas para vivir? ¿Te privaría del apoyo emocional que necesitas? ¿Impediría él que te sintieras como un miembro de su familia? ¿Siente Dios algún tipo de placer perverso al mantener su amor y sus provisiones fuera de tu alcance? ¡Por supuesto que no!

Dios dice que quiere llenar tu vida hasta que rebose. Los creyentes que andan en fe, que obedecen la Palabra de Dios y se rinden ante la dirección de Dios, te dirán que sienten el amor de Dios en sus vidas. Eso no significa que la vida cristiana esté ausente de problemas, como tampoco significa que no viviremos sin penas ni retos. Pero sí significa que la gracia y el amor de Dios continúan fluyendo en nuestra vida día tras día. Él nos instruye mediante su Palabra, su Espíritu Santo nos guía a hermanos y hermanas con quienes compartir nuestros gozos y tristezas y nos da oportunidades de experimentar una vida de valor. Además de todo esto nos prometió un hogar en el cielo para siempre.

8 ¿Cómo la provisión de Dios constituye un constante recordatorio de su amor?

¿Cuáles son algunas de las formas en que Dios provee para las necesidades de sus hijos?

9 ¿Cómo experimentaste la provisión de los recursos de Dios en tu vida durante el año pasado?

SITÚATE EN EL CUADRO

Decirlo y demostrarlo

Tómate un tiempo durante la próxima semana para expresarle tu amor a Dios. Primero exprésale tu amor con palabras. Sé creativo. Escribe una oración de amor, entona un canto, escribe un poema o halla alguna otra forma de expresión para decirle: «¡Te amo, Dios!» En segundo lugar, ratifica tu amor por Dios por medio de alguna acción tangible. Muéstrale que lo amas haciendo algo que sabes que le enternecerá el corazón. Suspende un mal hábito y comienza a desarrollar otro bueno, ofrece tu tiempo para cuidar a alguien que lo necesite. Dios ofreció algo muy precioso por ti. ¿Qué puedes hacer para ratificar tu amor por él?

Piensa en esto

En los próximos días dedica un tiempo para memorizar estos dos pasajes y piensa profundamente cómo Dios te ama más de lo que pudiera hacerlo un padre o una madre:

> Tan compasivo es el Señor con los que le temen como lo es un padre con sus hijos.
>
> SALMO 103:13

> ¿Puede una madre olvidar a su niño de pecho, y dejar de amar al hijo que ha dado a luz? Aun cuando ella lo olvidara, ¡yo no te olvidaré!
>
> ISAÍAS 49:15

SESIÓN 2   DALE SIGNIFICADO A TU VIDA

LA PRESENCIA DE DIOS

Reflexiones de la Sesión 1

1. Si en esta semana dedicaste algún tiempo para demostrar tu amor a Dios mediante alguna palabra o acto específico, ¿qué hiciste? ¿Cómo eso te acercó más a tu Padre celestial?
2. Si memorizaste el Salmo 103:13 e Isaías 49:15, ¿cómo la reflexión en esos pasajes impactó tu experiencia del amor de Dios?

EL GRAN PANORAMA

Los seres humanos tienen una capacidad increíble para dividir sus vidas en compartimentos. Actuamos de una manera en una situación en particular y respondemos de un modo muy diferente en otra. De un momento a otro podemos cambiar nuestra actitud de manera dramática. He observado a adolescentes de buena naturaleza y despreocupados convertirse en una turba frenética dando estampidos en el piso en un esfuerzo por tocar el faldón de la camisa de sus estrellas favoritas del rock cuando estas pasan desde su limusina hasta el salón del concierto.

Los comerciantes hacen lo mismo. Hombres y mujeres que asisten a la iglesia con fidelidad, que dedican sus vidas profundamente a los pequeños grupos, a quienes la Palabra de Dios movió y el Espíritu Santo agitó y conmovió sus corazones, sin embargo, cambian el lunes en la mañana. Se deslizan de sus camas, con calma se ponen sus ropas de trabajo y comienzan a prepararse para esa zona de guerra que llaman la oficina. Durante toda la semana abusan de los indefensos, intimidan la competencia y se atacan unos a otros sin compasión alguna.

Es asombroso ver cómo los seres humanos pueden segregar sus vidas de ese modo. Y más asombroso aún es notar que los cristianos también lo hagan. ¿Cómo pueden los cristianos actuar de una manera en la casa de Dios y luego actuar de otra manera en los centros comerciales, el mercado, el campo de juego de pelota o en los pasillos de la escuela? Creo que nuestra capacidad para vivir de ese modo se basa en una falta de conocimiento fundamental. Muchos de nosotros todavía creemos que Dios vive en un edificio. En la iglesia nos comportamos de cierta manera porque tenemos el concepto de que Dios está allí y, por lo tanto, pensamos: «Más vale que nuestra conducta en el templo sea la mejor».

Pero la verdad es que si hemos recibido a Jesucristo como nuestro Salvador, Dios ha llegado a residir en un edificio diferente, que es dentro de nosotros. La Biblia dice que el edificio donde Dios vive es nuestro cuerpo, nuestra vida, nuestro corazón. Él va con nosotros dondequiera que vayamos, escucha cada una de nuestras conversaciones, forma parte de cada actividad en la que nos enfrascamos. Está con nosotros durante las compras de una venta especial, en el mercado, en el campo de golf, en el teatro, en la escuela y en cualquier otro lugar donde vayamos. Dios nos ama tanto que no puede soportar amarnos a la distancia. En su gran amor, ha provisto una manera de estar con nosotros todo el tiempo.

UNA AMPLIA PERSPECTIVA DE TU MUNDO

1 Describe alguna ocasión en que viste a alguien pasar por esa transformación radical de una situación a otra.

UN RETRATO BÍBLICO

Lee Mateo 27:35-54

2 ¿Cuáles son las diferentes maneras en que Jesús sufrió mientras lo estaban crucificando?

SESIÓN 2: LA PRESENCIA DE DIOS

3 Que el velo del templo se rasgara en dos fue una señal que mostró la manera en que ahora Dios estaba disponible. ¿Cómo se explica que la muerte de Jesús en la cruz sea la puerta de entrada a la vida eterna?

DEFINIR EL ENFOQUE

Lee la Instantánea «Compañía»

Compañía

¿Qué beneficios te proporciona la presencia de Dios? El primer beneficio es la compañía. En un mundo tan recargado y superpoblado, aún hay personas solitarias. Estas manejan por carreteras congestionadas, trabajan en edificios de oficinas ocupadas y se relacionan con muchas personas, pero en medio de la muchedumbre, aún se sienten desesperadas buscando alguna compañía significativa.

Antes que Jesús regresara al cielo, consoló a sus seguidores diciendo: «...estaré con ustedes siempre, hasta el fin del mundo» (Mateo 28:20). En Hebreos 13:5 escuchamos las siguientes palabras alentadoras: «Nunca te dejaré; jamás te abandonaré». Y David conocía el poder de la presencia personal de Dios cuando escribió: «Aun si voy por valles tenebrosos, no temo peligro alguno porque tú estás a mi lado; tu vara de pastor me reconforta» (Salmo 23:4).

Jesús enseñó a sus discípulos cómo Dios ofrecería su compañía y su presencia después de regresar al cielo. Dijo: «Y yo le pediré al Padre, y él les dará otro Consolador para que los acompañe siempre: el Espíritu de verdad, a quien el mundo no puede aceptar porque no le ve ni lo conoce. Pero ustedes sí lo conocen, porque vive con ustedes y estará en ustedes» (Juan 14:16-17).

4 Explica cómo has experimentado la compañía de Dios por medio de la presencia del Espíritu Santo en *uno* de estos aspectos:

- En tu vida hogareña
- En tu vida profesional
- En la reunión de la comunidad adoradora

- En una amistad
- En un tiempo de lucha o sufrimiento

5 Jesús nos prometió que cuando viniera el Espíritu Santo, sería como si él mismo estuviera caminando con nosotros cada momento de nuestros días. Si supieras que Jesús va a aparecer en forma física y que caminará contigo durante la próxima semana, ¿qué cambio harías en tu agenda?

Aunque no en forma física, Jesús estará contigo esta semana por medio de la presencia del Espíritu. ¿Por qué esta realidad no tiene el mismo impacto?

Lee la Instantánea «Convicción»

Convicción

La presencia de Dios es un arma de dos filos. Es bueno saber que él está con nosotros para siempre. Todos los que estamos consagrados por completo a Cristo, agradecemos profundamente su compañía. Pero también hay una convicción incómoda que conlleva el conocimiento de que él escucha cada conversación, observa cada actividad y conoce cada uno de los pensamientos que pasan por nuestra mente.

En el Salmo 139 leemos: «Señor, tú me examinas, tú me conoces. Sabes cuándo me siento y cuándo me levanto; aun a la distancia me lees el pensamiento. Mis trajines y descansos los conoces; todos mis caminos te son familiares. No llega aún la palabra a la lengua cuando tú, Señor, ya la sabes toda… ¿A dónde podría alejarme de tu Espíritu? ¿Adónde podría huir de tu presencia? Si subiera al cielo, allí estás tú; si tendiera mi lecho en el fondo del abismo, también estás allí… Y si dijera: "Que me oculten las tinieblas; que la luz se haga noche en torno mío", ni las tinieblas serían oscuras para ti, y aun la noche sería clara como el día» (vv. 1-4, 7-8, 11-12).

SESIÓN 2: LA PRESENCIA DE DIOS

6 Explica cómo le responderías a alguien que haga *uno* de estos comentarios:

«*Nunca me siento condenado o culpable. Dios me ha perdonado de todos mis pecados, así es que no voy a vivir con cargos de conciencia. Mediante la gracia de Cristo, nunca más me sentiré mal. ¡Gloria a Dios!*»

«*Soy un corrupto. Me siento condenado cada momento. Sé que Jesús murió por mis pecados, pero aún me siento sucio todo el tiempo. Creo que se podría decir de mí que mi culpabilidad me ha paralizado*».

7 Describe alguna ocasión de tu vida en que estabas ocupado en tus asuntos, y la convicción del Espíritu Santo irrumpió y abrió tus ojos hacia algún aspecto de tu vida que necesitaba un cambio.

¿Cómo reaccionaste ante esa convicción?

Lee la Instantánea «Aliento»

Aliento

La presencia de Dios nos da compañía y convicción. Pero también nos da aliento. La verdad es que todo el mundo necesita valor. Para poder vivir como un seguidor de Cristo consagrado en su totalidad, necesitarás hacer uso del valor que fluye de la presencia de Dios.

Cuando el apóstol Pablo llegó a la ancianidad, le escribió a un pastor más joven llamado Timoteo y le contó acerca de una etapa de grandes luchas. «En mi primera defensa, nadie me respaldó, sino que todos me abandonaron. Que no les sea tomado en cuenta. Pero el Señor estuvo a mi lado y me dio fuerzas para que por medio de mí se llevara a cabo la predicación del mensaje y lo oyeran todos los paganos. Y fui librado de la boca del león. El Señor me librará de todo mal y me preservará para su reino celestial. A él sea la gloria por los siglos de los siglos. Amén» (2 Timoteo 4:16-18). Una y otra vez a lo largo de toda su vida, Pablo aprovechó esta fuente de su fuerza y valor. Nosotros también podemos hacerlo.

8 ¿Cómo experimentaste el valor que Dios te dio en alguna situación difícil?

9 ¿Qué situación estás enfrentando en este momento para la cual necesitas llenarte del valor que viene por medio de la presencia de Dios?

¿De qué maneras pueden los miembros de tu grupo pequeño orar por ti y apoyarte al enfrentar este aspecto en necesidad?

SESIÓN 2: LA PRESENCIA DE DIOS

SITÚATE EN EL CUADRO

Examíname, Señor

Lee el Salmo 139 despacio y reflexionando en su mensaje. Pídele a Dios que examine cada rincón de tu corazón. Invítalo a traerte convicción en algún aspecto donde todavía haya oscuridad y pecado. Pídele que su luz brille en los rincones más oscuros de tu corazón y que comience a ahuyentar las tinieblas.

¡Estás conmigo!

Siéntate con tu agenda en mano para la semana entrante. Reflexiona dónde estarás, con quién estarás y qué estarás haciendo. Al revisar tu agenda, invita a Jesús a venir contigo. Si te atreves a hacerlo, di en alta voz: Señor, te invito a sentarte conmigo en la reunión de la junta de administración y escuchar cada palabra que yo diga» o «Dios, te invito a acompañarme en mi cita y participar de cada actividad que yo realice» o «Te invito a seguirme por toda la casa durante todo el día y observar mi actitud y el tono de mi voz mientras paso todo ese tiempo cuidando a los niños que me has dado».

Si no puedes invitar a Dios para que esté contigo, considera con seriedad si esa actividad es algo que debas estar haciendo. Recuerda: ya sea que lo invites o no, de todos modos Dios estará contigo durante la semana entrante.

SESIÓN 3   DALE SIGNIFICADO A TU VIDA

El poder de Dios

Reflexiones de la Sesión 2

1. Si comenzaste un proceso regular de invitar a Dios a examinar tu corazón, ¿qué efecto ha producido eso en tu vida de oración?
2. Si revisaste tu agenda para la semana e invitaste a Jesús a andar contigo durante cada día, ¿cómo cambió ese proceso lo que hiciste esa semana?

EL GRAN PANORAMA

Quiero abrir esta sesión dándoles una prueba de transformación. Esta tiene el propósito de determinar cuántos cambios les gustaría ver que ocurran en sus vidas. Si pudieran ondear una varita mágica y hacer que ocurrieran cambios en sus vidas, ¿cuántos cambios les gustaría experimentar? Esta prueba incluye diez declaraciones claras que abarcan varios aspectos de transformación. Ustedes determinan cuáles de estas declaraciones reflejan cambios que les gustaría ver sucediendo en sus vidas. Sigan con atención cuántas se aplican a cada una de ustedes:

1. Me gustaría perder cinco libras (dos kilos) o más.
2. Me gustaría controlar mejor mi agenda. Muchas veces digo que voy a hacer algo, pero no lo hago. En realidad, me gustaría hacer mejor uso de mi tiempo.
3. Me gustaría preocuparme menos. Lucho con la ansiedad y cómo controlar las presiones y desearía preocuparme menos.
4. Me gustaría dejar de fumar.
5. Me gustaría tener el poder para poner fin a una relación que no es saludable.
6. Me gustaría dejar de tomar licores o disminuir este hábito.
7. Me gustaría ser más disciplinado con mis hábitos de gastos. El dinero le abre un hueco a mis bolsillos. Veo el anuncio de

alguna venta especial y pierdo el control. Desearía controlarme en lo que respecta a las finanzas.
8. Me gustaría encontrar más tiempo para leer mi Biblia y orar. Desearía tener la disciplina de comenzar una firme vida de oración y meditación en la palabra.
9. Desearía desarrollar una vida de pensamientos más saludables. Desearía que mi mente no estuviera llena de tantos pensamientos malsanos.
10. Desearía tener mejor control de mis estados de ánimo. Tengo mis altas y mis bajas, un día deprimido y al otro como si estuviera en la cima de una montaña. Desearía tener más control de mis emociones.

UNA AMPLIA PERSPECTIVA DE TU MUNDO

1 ¿Cómo te sentiste mientras tomabas esa prueba?

De los cambios deseados, ¿qué aspecto te pareció que saltaba de la página y te impactó?

UN RETRATO BÍBLICO

Lee Efesios 1:15-23

2 El apóstol Pablo le pide a Dios que le conceda cosas específicas a aquellos que son seguidores de Cristo. ¿Qué le pide a Dios que nos dé?

SESIÓN 3: EL PODER DE DIOS

¿Por qué son estas cosas necesarias para la vida de una persona que sigue a Cristo?

3 Una de las cosas que Pablo le pide a Dios es que nos dé poder. ¿A qué se compara ese poder?

¿Cómo reaccionas ante la idea de que esa clase de poder reside dentro de ti?

DEFINIR EL ENFOQUE

Lee la Instantánea «El poder de Dios en la creación»

El poder de Dios en la creación

Dios no tiene problema con el poder. Algunos piensan que ya se retiró. Lo conciben como una figura de abuelo sentado en un sillón y diciendo: «¡Carambolas, mira la condición del mundo! Se está destrozando» mientras se retuerce las manos con tristeza. Nada puede estar más lejos de la verdad. Retrocede hacia el tiempo de la creación del universo. El libro de Génesis registra que con tan solo hablar, Dios hizo que el mundo llegara a existir. Dijo la palabra y en la escena aparecieron el sol, la luna y las estrellas. Diseminó los planetas por todo el universo tan solo con voltear su muñeca y castañear sus dedos celestiales. Tan solo dio la orden y comenzó la vida animal y vegetal. Luego está el milagro de la creación de la humanidad: seres vivientes con personalidad, lenguaje, energía, creatividad y la habilidad de relacionarse con Dios. Al mirar todo lo que Dios ha creado y cómo lo sostiene a cada momento, nos hallamos frente a frente con su gran poder.

DALE SIGNIFICADO A TU VIDA

4 El Salmo 19:1 dice: «Los cielos cuentan la gloria de Dios, y el firmamento proclama la obra de sus manos». ¿Cómo experimentas el poder de Dios a través del mundo creado?

5 ¿En qué lugar de la creación tú sientes en lo íntimo de tu ser la presencia y el poder de Dios?

¿Por qué ese lugar es significante para ti?

Lee la Instantánea «El poder de Dios en los milagros»

El poder de Dios en los milagros

En el Antiguo Testamento leemos acerca de Dios separando las aguas del mar Rojo, derrumbando las murallas de Jericó, enviando maná del cielo, sacando agua de las rocas, hablando desde una zarza ardiendo, tapando la boca de los leones, dándole a Jonás un submarino hecho a la medida para llevarlo a Nínive, dando victorias en las batallas a pesar de las circunstancias abrumadoras y realizando incontables milagros más. Una y otra vez Dios desplegó su poder y fortaleza por medio de milagros que sacuden la tierra. En el Nuevo Testamento nos informamos sobre estrellas que guiaron a los magos hasta el pesebre donde la virgen tuvo un bebé. También leemos sobre ciegos que recibieron la vista, cojos que caminaron, leprosos que recibieron sanidad, muertos que resucitaron, ¡y la lista continúa! Nuestro Dios es poderoso y ha revelado su poder por medio de los milagros.

SESIÓN 3: EL PODER DE DIOS

6 ¿Qué historia sobre milagros de la Biblia te recuerda del gran poder de Dios?

7 ¿Cómo has visto a Dios obrar de modo milagroso en tu vida o en la vida de alguien que conoces?

Lee la Instantánea «¡Dios no ha cambiado!»

¡Dios no ha cambiado!

El mismo Dios que levantó a Jesús de la tumba es el que gobierna hoy. Está vivo el mismo Jesús que sanó a los enfermos y obró milagros. En Hebreos 13:8 leemos: «Jesucristo es el mismo ayer y hoy y por los siglos». Dios no ha cambiado, lo único que ha cambiado es nuestro concepto de él. Dios contestará nuestras oraciones. Aún le da fortaleza a los débiles. Su Espíritu continúa confortando a aquellos que sufren. Dios tiene poder para darle esperanza a los desesperanzados. Con su más grande acto de poder, Dios continúa ofreciendo perdón a los pecadores que confiesan sus errores y le piden su salvación. En el cielo no hay un problema de poder. Dios aún está en control y es más poderoso de lo que pudiéramos imaginarnos.

8 Describe alguna ocasión de tu vida en la cual te sentiste impotente, pero luego el poder de Dios te llenó y te sostuvo.

¿Qué pudieras decirle a alguna persona que se siente impotente de vencer algún pecado en su vida?

9 ¿En qué aspecto de tu vida necesitas sentir y experimentar un adelanto importante del poder de Dios?

¿Cómo pueden los miembros de tu pequeño grupo orar por ti y apoyarte en ese aspecto?

SITÚATE EN EL CUADRO

Alaba a Dios por su poder

Cuando concentramos nuestras oraciones en la alabanza a Dios por las características y cualidades específicas que posee, muchas veces lo alabamos por su santidad, su gracia, su amor y su perdón, pero descuidamos alabarlo por su poder. Usa el espacio a continuación para escribir algunas oraciones de alabanza por el poder de Dios en los siguientes aspectos:

- Alabanza por el poder de Dios que se aprecia en la creación:

- Alabanzas por el poder de Dios por medio de sus obras milagrosas (a través de la historia y hoy):

- Alabanzas por la presencia del Espíritu Santo en tu vida dándote poder para vivir cada día para Jesús:

Oración pidiendo poder

Dedica un tiempo en la próxima semana a identificar uno o dos aspectos en los que necesitas experimentar una porción de su poder en tu vida. Para tener algunas ideas tal vez quieras usar las diez declaraciones de la prueba que se halla al principio de esta sesión. Ora cada día pidiendo el poder de Dios para tu vida en esos aspectos. Pídele a Dios que comience a llenarte con poder para cambiar, y que también te dé una convicción más profunda de la necesidad de cambiar.

SESIÓN 4   DALE SIGNIFICADO A TU VIDA

EL PLAN DE DIOS

REFLEXIONES DE LA SESIÓN 3

1. Si has estado alabando a Dios por su poder en la creación, ¿de qué forma abrió esto tus ojos para verlo con más claridad?
2. ¿Has experimentado el poder de Dios en tu vida en los días pasados?

EL GRAN PANORAMA

Casi todo el mundo tiene algo en su vida que le encantaría cambiar. Cuando tratamos de hacerlo y fracasamos, nuestra estima propia recibe un golpe. Las luces de neón de nuestra mente se encienden diciendo: «Fracaso, fracaso, fracaso, fracaso». Dios no quiere que vivamos así. En Juan 8:31-32, Jesús dice: «Si se mantienen fieles a mis enseñanzas, serán realmente mis discípulos; y conocerán la verdad, y la verdad los hará libres». Jesús quiere que seamos libres de cada cadena que nos ate, de cada patrón negativo y hábito arraigado que nos derrote. Él tiene el poder para hacerlo y quiere compartirlo con nosotros.

Con tristeza vemos que muchas personas caen presa de lo que yo llamo «teología de la pegatina en la defensa de los carros». Construyen toda una serie de doctrinas sobre una frase que vieron en la defensa de un carro. ¿Sabes lo que dice una de esas frases? «Déjalo y deja a Dios obrar». ¿No pinta esa frase el cuadro de alguien para quien la responsabilidad de la transformación le pertenece del todo a Dios? Todo lo que tenemos que hacer es orar diciendo: «Señor, ten la bondad de cambiar este hábito o quita este patrón arraigado. Libérame de las cadenas que me atan. Si en realidad me amas, ¡haz algo!»

Los que se acercan a Dios con esta mentalidad dan por sentado que la transformación de la conducta humana es una total responsabilidad de Dios. No tienen que hacer nada, es tarea de Dios transformar sus vidas. Cuando estas personas no experimentan un alivio dramático de sus luchas al seguir el consejo «Déjalo y deja a Dios obrar», creen equivocadamente que no es la voluntad de Dios que ellos se libren del mal hábito.

Por otra parte, hay ciertas personas que creen que la transformación es un asunto enteramente de ellos. Se dan cuenta de que son salvos por gracia, pero creen que deben realizar la transformación personal solo mediante los esfuerzos humanos. Se imaginan a Dios diciendo: «Ya te salvé. Lo menos que puedes hacer es limpiar tu conducta. Y ahora, ¡muévete!»

Lo cierto del caso es que ninguno de estos extremos constituye el verdadero patrón bíblico para conseguir la transformación humana. Dios nos enseña que la transformación es una empresa de mutua cooperación. Él juega una parte esencial en el proceso y nosotros también. Dios nos ofrece su Espíritu Santo, quien nos da el *deseo* y el *poder* para cambiar. Él nos ofrece su Palabra, que nos da instrucciones específicas para lograr el cambio. Y también nos provee de hermanos y hermanas cristianas que nos ayudarán en ese proceso de cambio. Todas estas cosas nos ayudan a dirigirnos a la transformación.

Después, Dios nos invita a cooperar con él. Nos pide que hagamos un compromiso de transformación humana. Debemos ejercer la disciplina personal, aportar nuestro esfuerzo, utilizar los poderes de la voluntad humana y perseverar. Al obrar en asociación con nosotros de esta manera, Dios forja el carácter deseado en nuestras vidas.

UNA AMPLIA PERSPECTIVA DE TU MUNDO

1 Explica cómo experimentaste el poder transformador en *uno* de estos aspectos:

- Aprender a amar a un niño
- Crecer en el amor y servicio a tu cónyuge
- Ser fiel a tu trabajo de un modo que honre a Cristo
- Cuidar del cuerpo que Dios te dio
- Profundizar tu consagración a crecer a través del estudio de la Biblia y la oración

SESIÓN 4: EL PLAN DE DIOS

¿Cómo has necesitado esforzarte y usar tus habilidades para crecer en ese aspecto?

UN RETRATO BÍBLICO

Lee Hageo 1:2–2:9

2 Dios llamó a su pueblo a reconstruir el templo para que estos pudieran restablecer su adoración. Usa el espacio a continuación para anotar cada vez que percibas la parte que le tocó a Dios en el proyecto así como también el papel que jugó el pueblo de Dios en la reconstrucción del mismo.

La parte de Dios en el proyecto de construcción	*La parte del pueblo en el proyecto de construcción*
• _____	• _____
• _____	• _____
• _____	• _____
• _____	• _____
• _____	• _____

3 ¿Cómo visualizas a Dios y a su pueblo obrando en mutua cooperación para alcanzar la meta de la construcción del templo?

DALE SIGNIFICADO A TU VIDA

¿Cómo este ejemplo conlleva a la forma en que cooperamos con Dios para lograr la transformación de nuestras vidas?

DEFINIR EL ENFOQUE

Lee la Instantánea «El desarrollo de un conjunto de motivaciones»

El desarrollo de un conjunto de motivaciones

El primer ingrediente en este proceso de cambio es el desarrollo de un conjunto de motivaciones. Esta es una lista de razones o motivaciones que nos ayudan a obligarnos a dar el primer paso hacia un cambio significativo. La clave está en sentarnos con una hoja de papel en blanco y comenzar a escribir todos los factores que te motivarían a realizar un cambio en algún aspecto de tu vida. Piensa en esas cosas positivas que llegarán como resultado del cambio. También reflexiona en las cosas negativas de las que te quieres deshacer. Haz la lista tan larga y extensa como te sea posible y colócala en algún lugar donde la veas con frecuencia. Recuerda este conjunto de cosas mientras te preparas para procurar una transformación en ese aspecto de tu vida.

4. Tomen algún tiempo como grupo para desarrollar un conjunto de motivaciones que ayudarían a alguna persona a procurar una transformación en *uno* de los siguientes aspectos:

- Perder peso
- Desarrollar el hábito diario para estar en comunión con Dios por medio de la lectura de la Biblia y la oración
- Romper con una relación inmoral e inapropiada
- Dejar de fumar
- Manejar las finanzas con responsabilidad

SESIÓN 4: EL PLAN DE DIOS

5 Tómate unos minutos por tu cuenta para desarrollar un conjunto de motivaciones en algún aspecto de tu vida en el cual estás procurando realizar una transformación:

Aspecto:

Conjunto de motivaciones:

Si experimento alguna transformación en ese aspecto, los resultados positivos serán:

- _____
- _____
- _____

Si no veo ninguna transformación, algunos de los resultados negativos serán:

- _____
- _____
- _____

¿Cómo el conjunto de motivaciones puede servir de ayuda en el proceso de procurar una transformación personal en tu vida?

Lee la Instantánea «Procura un plan factible»

> ## Procura un plan factible
>
> Creo que la mayoría de nosotros somos un poco ingenuos con respecto a lo que hace falta tener para en realidad romper las cadenas de algún mal hábito. Pensamos que podemos desarrollar ciertos patrones de conducta en el curso de diez, quince o veinte años y luego cambiar esos hábitos de la noche a la mañana. Pero la verdad es que los malos hábitos se niegan a cooperar aunque tengamos un conjunto de motivaciones claras frente a nosotros. Las parejas que han tenido un matrimonio moribundo durante diez años no pueden esperar que un consejero matrimonial resuelva todos sus problemas en tres sesiones. De la misma forma, una persona que ha sido adicta al alcohol durante años no puede botar las botellas y esperar que su deseo de tomar se vaya con la basura. Necesitamos un plan, un proceso de cambio.

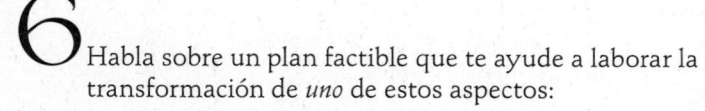

6 Habla sobre un plan factible que te ayude a laborar la transformación de *uno* de estos aspectos:

- Perder diez libras de peso y estar en forma
- Comprometerte a crecer en tu vida de tiempo personal con Dios
- Romper con una relación inapropiada
- Dejar el hábito de fumar
- Manejar tus finanzas con responsabilidad

¿Por qué se necesita un plan viable además de un conjunto de motivaciones?

7 ¿Cuáles son algunas de las cosas que pudieran ser parte de un plan viable para ti al procurar una transformación en el aspecto que identificaste en la pregunta cinco?

SESIÓN 4: EL PLAN DE DIOS

Lee la Instantánea «Avancemos en el aspecto de rendir cuentas»

Avancemos en el aspecto de rendir cuentas

Si piensas que puedes cambiar por completo, dramáticamente, por tus propios esfuerzos, te engañaste. Los seres humanos no estamos constituidos de esa forma. Dios nos creó para vivir en comunidad. Quiere que nos retemos los unos a los otros, nos motivemos los unos a los otros y nos rindamos cuenta los unos a los otros. Proverbios 27:17 dice: «El hierro se afila con el hierro, y el hombre en el trato con el hombre». Un elemento clave del plan de Dios para nuestra transformación es que rindamos cuenta en nuestras vidas.

8 ¿Cómo los miembros de tu grupo pequeño pueden apoyarte y lograr que les rindas cuentas de tus actos mientras procuras una transformación en tu vida?

Lee la Instantánea «Andemos más cerca de Dios»

Andemos más cerca de Dios

Un elemento final y esencial del plan de Dios para tu transformación personal lo constituye un crecimiento espiritual constante. Un andar cercano, personal y vibrante con el Señor constituye la clave para todo esto. El deseo de agradarle se convierte en la forma de motivación más poderosa en tu conjunto de motivaciones. Cuando comenzamos a crecer como seguidores de Cristo completamente consagrados, hallamos nuestros corazones clamando: «¡Tan solo di la palabra, Señor!» Nuestro más profundo deseo es vivir para él.

9 ¿Qué puedes hacer para profundizar tu vida espiritual y tu andar más cerca a Cristo?

DALE SIGNIFICADO A TU VIDA

SITÚATE EN EL CUADRO

Trabaja en el plan

Dedica algún tiempo la próxima semana para desarrollar el plan de estos cuatro pasos con el propósito de andar en el poder de Dios. Si no lo has hecho así todavía, identifica uno de estos aspectos específicos. Luego:

1 Formula un conjunto de motivaciones.

La parte de Dios

- _____
- _____
- _____
- _____
- _____

Mi parte

- _____
- _____
- _____
- _____
- _____

2 Establece un plan viable

Elementos de mi plan:

- _____
- _____
- _____

3 Busca una persona que ore por ti y a quien le puedas rendir cuentas y preguntarte de modo regular cómo te va en el proceso de la transformación.

La persona a quien rendiré cuentas es:

_____

SESIÓN 4: EL PLAN DE DIOS

4 Consagra un tiempo diario para leer la Palabra de Dios y orar.

Cantidad de tiempo que ocuparé en el estudio diario de mi Biblia: _____ .

Cantidad de tiempo que ocuparé en la oración: _____ .

SESIÓN 5 — DALE SIGNIFICADO A TU VIDA

El propósito de Dios

Reflexiones de la Sesión 4

1. Si has estado usando el proceso de transformación de cuatro pasos que aprendiste en la última sesión, ¿cómo esto afectó ese aspecto específico que estás procurando cambiar?
2. ¿Cuál de los cuatro pasos hallas que son los más difíciles? ¿De qué formas pueden los miembros de tu grupo orar por ti y alentarte mientras continúas procurando la transformación en este aspecto de tu vida?

EL GRAN PANORAMA

Algunas personas creen que el propósito de Dios para sus vidas es el de darles todo lo que desean. Hay pastores y congregaciones enteras que operan sobre este concepto básico. Ellos dicen que el gran propósito de Dios es poner en acción todos los poderes del cielo para darles salud, bienes y felicidad. En otras palabras, el propósito primordial de Dios es hacer que sus hijos sean personas cómodas, prósperas y sin problemas. Esta clase de enseñanza es muy popular hoy en día, y en los años por venir escucharás cada vez más sobre esto. Ten cuidado.

Otros creen que todo lo que tienen que hacer es llevar una vida de fe, pronunciar la palabra, reclamar la promesa o atar al maligno, y Dios se sentirá obligado a hacer lo que ellos dicen. Este modo de pensar reduce la soberanía de Dios a un muchacho mensajero divino, obligado a satisfacer nuestros deseos.

Un tercer grupo consiste en aquellos que creen que el propósito primordial de Dios no es el de ofrecer consuelo sino conflicto. Dios desea traerles dificultades a sus vidas. Les ordena diciendo: «Ahora eres mi soldado, así que ponte en condiciones». Si todavía no te has encontrado con esas personas, lo harás. Ellas están convencidas totalmente que el propósito primordial de Dios para sus hijos es determinar el peor castigo o situación en la vida e infligírselos sin compasión alguna. Viven con el constante temor de que Dios los va a mandar a ir y hacer aquello que más los aterra.

E incluso hay otros que creen que ser cristiano significa que todo su gozo, su diversión y emociones de la vida se interrumpirán de un modo rechinante. Ven el propósito de Dios como el último asesino del gozo cósmico, el divino aguafiestas. Están convencidos por completo de que Dios va a observar lo que ellos disfrutan y decirles que cesen de hacerlo. Luego identificará aquellas cosas que son aburridas e insatisfactorias y les asignará esas tareas para siempre.

Estos cuatro conceptos sobre Dios están tergiversados y equivocados. Los propósitos de Dios para sus hijos son muy diferentes a cualquiera de estas perspectivas.

UNA AMPLIA PERSPECTIVA DE TU MUNDO

1 ¿Qué tienen de malo esos varios puntos de vistas sobre el propósito de Dios para sus hijos?

Si un buscador de la verdad del evangelio te preguntara: «Si me convirtiera en un seguidor de Cristo, ¿cuáles serían sus planes para mí?», ¿qué le responderías?

SESIÓN 5: EL PROPÓSITO DE DIOS

UN RETRATO BÍBLICO

Lee Romanos 8:28-39; Efesios 2:4-10

2 En Romanos 8:29 leemos que debemos «transformarnos según la imagen de su Hijo». ¿Cómo se ve una persona que está «transformada según la imagen de su Hijo?»

3 Toma lo que aprendes de estos dos pasajes y escribe una declaración del propósito:

El propósito que Dios tiene para mí es...

¿Qué aprendes de estos dos pasajes sobre el propósito de Dios para tu vida?

DALE SIGNIFICADO A TU VIDA

DEFINIR EL ENFOQUE

Lee la Instantánea «Oídos como los de Jesús»

Oídos como los de Jesús

¿Cómo son tus oídos? Dios quiere que tengas oídos como los que Jesús tuvo. Él tenía la habilidad de escuchar el susurro de la voluntad de su Padre por encima del rugir de las masas del pueblo. Dios quiere que te sintonices con el susurro del Espíritu Santo. Quiere que puedas discernir la guía del Espíritu, aun a través del ensordecedor rugido de la humanidad que te rodea. El propósito de Dios es que llegues a parecerte más al Salvador. Esto implica que debes aprender a escuchar igual que él.

4 ¿Cuáles son algunas de las distracciones que se interponen para impedir que escuches la voz de Dios?

¿Qué puedes hacer para comenzar a desintonizarte de ese ruido y esa estática?

5 ¿Cuáles son algunas de las maneras en que Dios le habla a sus hijos?

SESIÓN 5: EL PROPÓSITO DE DIOS

¿Qué puedes hacer para estar más dispuesto a escuchar esas formas de comunicación?

Lee la Instantánea «Bocas como la de Jesús»

> **Bocas como la de Jesús**
>
> Jesús tenía el hábito de animar a las personas con sus palabras. Si queremos ser más semejantes a él, es necesario que aprendamos a hacer lo mismo. Esto sucede cuando alentamos a otros y nos comprometemos a hablar la verdad de una manera amorosa. ¿Cuántos matrimonios se rompen porque cesa la comunicación? Muchos cónyuges no viven con el compromiso de ser una persona alentadora. ¿Cuántos socios de negocio se desintegran cuando las personas dejan de convalidarse unos a otros? ¿Cuántas amistades hallarían una nueva vida si nos comprometiéramos a usar nuestras palabras para fortalecernos unos a otros? En 1 Tesalonicenses 5:11 dice: «Anímense y edifíquense unos a otros». ¡Este debe ser el móvil de nuestra vida!

6 Cuéntale a tu grupo acerca de alguna persona que de modo constante te ha dado palabras de aliento en tu vida.

¿Cómo esas palabras reflejan la presencia de Cristo en su corazón?

49

7 ¿Cómo puedes usar tus palabras la semana entrante para demostrarle a alguien que Jesucristo está en tu vida?

Lee la Instantánea «Manos como las de Jesús»

Manos como las de Jesús

Las manos de Jesús estaban encallecidas. Estas le ayudaban a ganarse la vida como un carpintero. Sus manos alimentaron a personas hambrientas, se extendieron para darle a los pobres, tocar a los leprosos y bendecir a los niños. Sus manos agarraron el látigo para sacar a los impostores de la casa de Dios. Sus manos sostuvieron una cruz de madera mientras los pies cansados luchaban por mantenerse erguidos en la solitaria trayectoria hacia el Gólgota. Sus manos fueron heridas y sangraron por los hombres, las mujeres y los niños que tenían los corazones endurecidos hacia él. ¿Qué tal te parecería tener manos así? Dios quiere que tengas manos como las de Jesús.

---

8 Al pensar en las cosas que Jesús hizo con sus manos, ¿qué puedes aprender de su ejemplo?

9 ¿Qué acto de servicio puedes comprometerte a hacer con tus manos la próxima semana?

SESIÓN 5: EL PROPÓSITO DE DIOS

¿Cómo puedes rendir cuentas a los miembros de tu grupo al llevar a cabo este compromiso?

SITÚATE EN EL CUADRO

Bocas como la de Jesús

Comprométete a usar tu boca para fortalecer a otros la semana próxima. Haz una lista de tres a seis personas que tú conozcas que pudieran aprovechar una palabra de aliento. Ora para que Jesús hable a través de ti y te dé las palabras correctas que decirles. Luego ve al teléfono y comienza a llamar a esas personas que están en la lista. Sé muy específico con cada persona a quien llames. Recuérdale a cada una de ellas lo que significa para ti y cuánto Dios la ama. Confírmales en qué tipo de persona Dios las está convirtiendo. Procura hablar con la boca de Jesús.

Estudio de las Escrituras

Dedica un tiempo esta semana para memorizar y reflexionar en el significado de Efesios 2:10:

> Porque somos hechura de Dios, creados en Cristo Jesús para buenas obras, las cuales dispuso de antemano a fin de que las pongamos en práctica.

Al crecer en el conocimiento del propósito que Dios tiene para tu vida, ¿cuáles son algunas de las buenas obras que Dios ha preparado para que tú hagas?

| SESIÓN 6 | DALE SIGNIFICADO A TU VIDA |

LAS PROMESAS DE DIOS

REFLEXIONES DE LA SESIÓN 5

1. Algunos de ustedes se comprometieron a comunicarse con una lista de tres a seis personas y a alentarlas con sus palabras. ¿Cómo reaccionaron esas personas ante sus esfuerzos de demostrar el amor de Jesús de esta manera?
2. Si memorizaste y reflexionaste en el pasaje de Efesios 2:10, ¿cómo te ayudó este a comprender el propósito de Dios para tu vida?

EL GRAN PANORAMA

¡Dios quiere libertarte de las cadenas que te atan! En las pasadas cinco sesiones nos hemos concentrado en algunas verdades asombrosas. Dios ha hecho muchas cosas para ayudarte a descubrir la libertad.

La primera gran verdad relacionada con la fe cristiana es que Dios te ama más de lo que nunca pudieras llegarte a imaginar. Tú constituyes su *pasión*. Si el amor de Dios no pasa de ser un concepto mental, lo más probable es que nunca llegues a conocer a Cristo de un modo personal. Pero cuando reconoces que Dios te ama con gran pasión, su amor se arraiga en tu corazón para siempre.

La segunda gran verdad que hemos estudiado es que Dios te ama tanto que no puede soportar amarte a la distancia. Por lo tanto, mediante el ministerio de su Espíritu Santo, ha llegado a residir en tu vida. Te ha dotado del gran don de su *presencia*. Cuando te consagres a él como un seguidor devoto de Cristo, nunca más estarás solo. Siempre habrá alguien que te comprenda. Nunca te dejará ni te abandonará.

La tercera gran verdad es que en el cielo no falta la potencia. El asombroso *poder* que diseminó las estrellas a través de todas las galaxias y colocó las montañas y los océanos en su lugar aún está activo y disponible para ti con el propósito de realizar una transformación. Con el poder de Dios puedes romper cada cadena que te ata, cada hábito arraigado, cada patrón destructivo, cada actividad derrotista y cualquier mala relación.

La cuarta verdad que hemos aprendido es que Dios tiene un *plan* para llevar a cabo su obra transformadora en nosotros. Él no tiene una varita mágica para cambiar cada aspecto de tu vida con el cual estás luchando. Tampoco requiere que cambiemos sin su ayuda. La transformación es una aventura de cooperación. Dios provee ingredientes esenciales y nosotros también. Es necesario que acoplemos un conjunto de motivaciones, que establezcamos un plan viable, que rindamos cuenta y nos comprometamos a continuar nuestro crecimiento espiritual. Ese es el plan de Dios para realizar su obra transformadora en nuestras vidas.

La quinta verdad en la cual nos concentramos fue su *propósito*. El propósito que Dios tiene para nosotros es que seamos más semejantes a su Hijo Jesucristo. Dios no nos promete un cielo en una tierra sin luchas, como tampoco nos llama a vivir una vida de interminable sufrimiento y tristeza. Su intención es que experimentemos una transformación dinámica y radical en una continua conformidad con el carácter de Jesús.

En esta sesión nos concentraremos en dos *promesas*. Dios ha dado: (1) la promesa de una vida significativa y abundante en esta tierra, y (2) la promesa de un hogar eterno en el cielo. Estas tan solo son dos de literalmente centenares de promesas que se registran en la Biblia. Cuando llegamos a comprender la verdad de esas promesas, estas nos ayudan a liberarnos de las cadenas que nos atan.

UNA AMPLIA PERSPECTIVA DE TU MUNDO

1 ¿Cuál es una de las promesas que Dios hizo en su Palabra que te da un sentido de libertad?

SESIÓN 6: LAS PROMESAS DE DIOS

¿Cómo te hace sentir el conocimiento de que Dios siempre guarda sus promesas?

UN RETRATO BÍBLICO

Lee Juan 10:7-10; 14:1-6

2 En Juan 10 leemos sobre un contraste entre el ladrón y el pastor. ¿Quién es el ladrón y quién es el pastor?

¿Cuáles son las metas de cada uno de ellos?

Jesús dijo: «Yo he venido para que tengan vida, y la tengan en abundancia». ¿Qué quiere Jesús decir con vida «en abundancia»?

3 ¿Cómo describirías la promesa que Jesús da en Juan 14?

Según este pasaje, ¿cómo podemos saber si esa promesa es para nosotros?

DEFINIR EL ENFOQUE

Lee la Instantánea «La experiencia de la bendición de Dios en esta vida»

La experiencia de la bendición de Dios en esta vida

Dios nos ha dado una promesa. La promesa es que mientras sigamos viviendo en esta vida, él nos dará en esta tierra una calidad de vida plena y significativa. El Salmo 23:6 dice: «La bondad y el amor me seguirán todos los días de mi vida...» Dios quiere liberarnos de las cadenas que nos atan y liberarnos para experimentar su presencia y su bendición en nuestras vidas.

Dios nunca dijo que sus hijos estarían separados de las ásperas realidades de la vida, el solo hecho de haber recibido a Cristo como nuestro Líder y Perdonador no nos garantiza una existencia exenta de penas y dolor. Aún enfrentamos pruebas, dificultades y tentaciones. Pero al entrar en una relación con Cristo Jesús, vivimos con el poder de una promesa: la promesa de que a pesar de nuestras pruebas, dificultades y adversidades, experimentaremos el amor de Dios. Sentiremos su presencia y su poder estará disponible. Dios continuará transformándonos hasta lograr lo que él quiere que seamos.

4 Explica cómo experimentaste la «bondad» y el «amor» de Dios durante algún tiempo difícil de tu vida?

SESIÓN 6: LAS PROMESAS DE DIOS

5 Responde a *una* de estas declaraciones:

- «Cuando tengo tiempos y luchas difíciles, no siento ninguna bondad o amor de Dios».
- «He sido un seguidor de Cristo desde hace años y aún no siento que estoy experimentando la vida cristiana "en abundancia"».
- «Me gustaría experimentar la vida abundante en Cristo, pero, para decir la verdad, no me siento digno de recibir sus buenos dones en mi vida».

6 ¿Cuál es ese aspecto de tu vida en el cual anhelas experimentar un sentido más completo del propósito y la dirección de Dios?

¿Cómo pueden los miembros de tu grupo pequeño orar por ti en tu empeño por experimentar la plenitud de la vida en ese aspecto?

Lee la Instantánea «La experiencia de la bendición de Dios para siempre»

> ### La experiencia de la bendición de Dios para siempre
>
> La Biblia dice que todo aquel que cree en Jesús algún día será transportado a una existencia en la que nunca habrán mas lágrimas, pesar, dolor, derrota, humillación, culpa o temor. Esta es una promesa categórica de Dios para cada persona que ha aceptado a Jesús como su Salvador. Algún día cesarán las batallas de esta vida. Aquellos que se arrepintieron de sus pecados y reconocieron a Jesucristo como su única esperanza y su máximo líder, pasarán la eternidad en presencia de Cristo.

7 Explica cómo la esperanza del cielo afecta tu vida en *uno* de estos momentos:

- Cuando estás enfrentando largos días y semanas de lucha y tristeza
- Cuando estás pasando el dolor de ver a un ser querido que murió luego de conocer a Cristo como su Salvador
- Cuando te cansas de resistir un pecado recurrente en tu vida
- Cuando estás cansado de servir en un ministerio específico para el cual Dios te llamó

SITÚATE EN EL CUADRO

Veamos la bondad de Dios

A veces nos acostumbramos tanto a la bondad de Dios en esta vida que la damos por sentado. Durante la próxima semana dedica un tiempo a escribir algunas de las maneras en que has percibido la bondad de Dios en tu vida en los siguientes aspectos:

- Dios mostró su bondad proveyendo para mis necesidades físicas. Tengo…

- Dios mostró su bondad proveyendo para mis necesidades sociales. Algunas personas significativas en mi vida son...
- Dios mostró su bondad proveyendo para mis necesidades espirituales. Él me ha dado muchas bendiciones espirituales, las cuales incluyen...

Emplea un tiempo agradeciéndole a Dios las riquezas de su provisión. También procura desarrollar el hábito de recordar cuánto Dios te ha dado para que puedas experimentar la plenitud de la vida en Cristo.

COMUNICA LO QUE TIENES

Si eres un seguidor de Cristo, tienes la promesa del cielo. Durante la próxima semana dedica un tiempo a orar por las personas que hay en tu vida que aún no viven con esta esperanza. Ora pidiendo valor y la oportunidad de contarles a otros acerca de la esperanza que tienes debido a tu fe en Jesucristo.

Notas para el líder

Dirigir un tema bíblico, especialmente la primera vez, te puede hacer sentir nervioso y emocionado. Si eres nervioso, entiende que estás bien acompañado. Muchos líderes bíblicos, tales como Moisés, Josué y el apóstol Pablo, se sintieron nerviosos e inadecuados para dirigir a otros (ver, por ejemplo, 1 Corintios 2:3). Sin embargo, la gracia de Dios fue suficiente para ellos, igual que lo será para ti.

Es también natural que haya alguna emoción. Tu liderazgo es un don para los demás del grupo. Sin embargo, recuerda que otros participantes también comparten la responsabilidad del grupo. Tu papel es simplemente estimular los comentarios haciendo preguntas y motivando la respuesta de las personas. Las sugerencias que se mencionan a continuación te pueden ayudar a ser un líder eficaz.

Prepárate para dirigir

1. Pídele a Dios que te ayude a comprender y aplicar el pasaje a tu propia vida. Si esto no sucede, tú no estarás preparado para dirigir a otros.
2. Trabaja con cuidado en cada pregunta de la guía de estudio. Medita y reflexiona en el pasaje a medida que formules tus respuestas.
3. Familiarízate con las Notas para el Líder de cada sesión. Esto te ayudará a entender el propósito de la sesión y te proveerá información de valor acerca de las preguntas en la sesión. Las Notas para el Líder no son para leer al grupo. Estas notas son principalmente para tu uso como líder del grupo y para tu preparación. Sin embargo, si encuentras una sección que se relacione bien con tu grupo, tal vez quieras leer una breve porción o motivarlos a leer esta sección en otro momento.
4. Ora por los miembros del grupo. Pídele a Dios que use estas sesiones para hacerlos mejores discípulos de Jesucristo.
5. Antes de la primera sesión, asegúrate de que cada persona tenga una guía de estudio. Motívalos a prepararse antes de cada sesión.

Guiar la sesión

1. Comienza la sesión a tiempo. Si las personas entienden que la sesión comienza a tiempo, se esforzarán más por llegar a tiempo.
2. Al comienzo de la primera vez juntos, explica que estas sesiones se crearon para hacer comentarios, no para dar una conferencia. Motiva la participación de todos y cada uno, pero comprende que tal vez algunos duden hablar durante las primeras sesiones.
3. No le temas al silencio. Es posible que los miembros del grupo necesiten un tiempo para pensar antes de responder.
4. Evita contestar tus propias preguntas. Si es necesario, repite la pregunta con otras palabras hasta que se entienda con claridad. Hasta un grupo entusiasta pronto se convertirá en pasivo y silente si creen que el líder es quien hablará la mayor parte del tiempo.
5. Motiva más de una respuesta para cada pregunta. Pregunta, «¿Qué cree el resto de ustedes?» o «¿Alguien más?» hasta que varias personas tengan la oportunidad de contestar.
6. Procura afirmar al grupo cada vez que sea posible. Deja que la gente sepa que tú aprecias sus ideas respecto al pasaje.
7. Nunca rechaces una respuesta. Si está completamente equivocado, pregunta: «¿Qué versículo te llevó a esa conclusión?» O permite que el grupo maneje el problema preguntando qué piensan acerca de la pregunta.
8. Evita irte por la tangente. Si la gente se sale de su curso, tráelos gentilmente de vuelta al pasaje que se está considerando.
9. Concluye estos momentos juntos con una oración conversacional. Pídele a Dios que te ayude a aplicar lo que aprendiste en la sesión.
10. Termina a tiempo. Esto será más fácil si tú controlas el ritmo de los comentarios no empleando demasiado tiempo en algunas preguntas ni muy poco en otras.

Animamos a todos los líderes del grupo pequeño a usar *Leading Life-Changing Small Groups* (Zondervan) por Bill Donahue y el Equipo de grupos pequeños de Willow Creek mientras dirigen su grupo. Willow Creek Community Church desarrolló esta guía, que es una fuente excelente, y la usa con el fin de preparar y capacitar a los seguidores de Cristo para dirigir eficientemente a los grupos pequeños. Esta incluye información de valor sobre cómo utilizar en tu grupo ejercicios divertidos y creativos que crean relaciones; cómo planear tu reunión, cómo distribuir la carga del liderazgo identificando, desarrollando y trabajando con un «líder aprendiz» y cómo encontrar maneras creativas para hacer oraciones en grupo. Además, el libro incluye material y sugerencias para manejar conflictos potenciales y personalidades difíciles, formar pactos para los grupos, invitar a nuevos miembros, mejorar las habilidades para escuchar, estudiar la Biblia y mucho más. El uso de *Leading Life-Changing Small Groups* te ayudará a crear un grupo del que los miembros les encantará ser partícipes.

Ahora vamos a comentar los elementos diferentes de esta guía de estudio para grupos pequeños y cómo usarlos para la porción de la sesión de la reunión de tu grupo.

El gran panorama

Cada sesión comenzará con una historia breve o un repaso del tema de la lección. Este se llama «El gran panorama» porque presenta el tema central de la sesión. Será necesario que lean esta sección como grupo o que le pidas a los miembros del grupo que lo lean por su cuenta antes de comenzar los comentarios. Aquí están las tres maneras en que puedes desarrollar esta parte de la sesión del grupo pequeño:

- Ya que eres el líder del grupo, lee esta sección en voz alta para todo el grupo y luego pasa a las preguntas en la próxima sección: «Una amplia perspectiva de tu mundo». (Tal vez la primera semana tú la puedes leer, pero luego usa las otras dos opciones siguientes para motivar la participación del grupo.)
- Pídele al grupo que un voluntario lea esta sección. Esto le dará participación a otro miembro del grupo. Es mejor hacer esta petición por adelantado para darles tiempo a leer la sección antes de leerla en el grupo. También es bueno pedir que sea un voluntario, en lugar de asignarle esta tarea a alguien. Algunas personas no se sienten cómodas leyendo frente a un grupo. Después que un miembro del grupo haya leído esta sección en voz alta, pasa a las preguntas de los comentarios.
- Concede un tiempo al principio de la sesión para que cada persona lea esta sección en silencio. Si haces esto, asegúrate de que cada uno tenga suficiente tiempo para terminar de leer, pensar en lo que leyeron y estar listos para hacer comentarios significativos.

Una amplia perspectiva de tu mundo

Esta sección incluye una o más preguntas que lleva al grupo a una discusión general del tópico de la sesión. Estas preguntas se crearon para ayudar a los miembros del grupo a comenzar los comentarios del tópico de una manera abierta y honesta. Una vez que quede establecido el tema de la lección, sigue al pasaje de la Biblia para la sesión.

Un retrato bíblico

Esta porción de la sesión incluye una lectura de la Biblia y una o más preguntas que ayudarán a los miembros del grupo a ver cómo el tema de la sesión está enraizado y basado en la enseñanza bíblica. La lectura de la Biblia se puede hacer igual a la sección de «El Gran Panorama»: Tú lo puedes leer para el grupo, pedirle a un miembro que lo lea, o dar un tiempo para que lo lean en silencio. Asegúrate de que cada uno tenga una Biblia o de tú tener Biblias disponibles para aquellos las necesiten. Una vez que hayas leído el pasaje, haz las preguntas de esta sección de manera que esos miembros del grupo puedan analizar la verdad que presenta la Biblia.

Definir el enfoque

La mayoría de las preguntas de los comentarios para la sesión están en esta sección. Estas preguntas son prácticas y ayudan a los miembros del grupo a aplicar la enseñanza bíblica a sus vidas diarias.

Una Instantánea

La «Instantánea» en cada sesión ayuda a preparar a los miembros del grupo para los comentarios. Estas anécdotas dan una perspectiva adicional al tema que se está tratando. Cada «Instantánea» se debe leer en un momento designado de la sesión. Este está claramente marcado en la sesión al igual que en las Notas para el Líder. De nuevo, sigue el mismo formato de la sección «El gran panorama» y la sección «Un retrato bíblico»: Tú lees la anécdota, o haces que un voluntario de los miembros del grupo la lea o provees un tiempo para la lectura en silencio. Como quiera que abordes esta sección, encontrarás que estas anécdotas son muy útiles para desencadenar diálogos vivos y llevar los comentarios en una dirección significativa.

Sitúate en el cuadro

Aquí es donde ustedes se arremangan la camisa y ponen la verdad en acción. Esta porción es muy práctica y orientada a la acción. Al final de cada sesión habrá sugerencias para una o dos maneras en que los miembros del grupo pueden poner en práctica lo que acaban de aprender. Revisa las metas en acción al final de cada sesión y desafía a los miembros del grupo a trabajar en una o más de ellas durante la próxima semana.

Al principio de la sesión siguiente, encontrarás preguntas de seguimiento para la sección «Sitúate en el cuadro». Luego de comenzar con la segunda semana, encontrarás al principio de la sesión un tiempo dedicado a recordar y hablar acerca de cómo procuraste aplicar la Palabra de Dios en tu vida desde la última vez que se reunieron.

Oración

Vas a desear comenzar y terminar tu grupo pequeño con un tiempo de oración. A veces, en la sesión, encontrarás instrucciones específicas para saber cómo hacer esto. Sin embargo, la mayor parte del tiempo necesitarás decidir cuál es el mejor momento para detenerte y orar. Tal vez quieras orar o pedirle a un miembro voluntario en el grupo que comience la lección con una oración. O quizás quieras leer «El gran panorama» y comentar las preguntas de «Una amplia perspectiva de tu mundo» antes de comenzar en oración. En algunos casos será mejor comenzar en oración después de leer el pasaje de la Biblia. Necesitas decidir dónde crees que sea mejor para tu grupo comenzar en oración.

Al comenzar en oración, piensa en los términos del tema de la sesión y ora por los miembros del grupo (incluyéndote a ti también) pidiendo que sean sensibles a la verdad de las Escrituras y la obra del Espíritu Santo. Si tú tienes buscadores en tu grupo (personas investigando el cristianismo pero que todavía no son creyentes), sé sensible en cuanto a tus expectativas para la oración en grupo. Quizás los buscadores todavía no estén listos para participar en la oración en grupo.

Asegúrate también de terminar la reunión del grupo con un tiempo de oración. Una opción es que tú ores por todo el grupo. O tal vez concedas un tiempo para que los miembros del grupo ofrezcan oraciones audibles con las que otros estén de acuerdo en sus corazones. Otro método puede ser dejar un tiempo de silencio para oraciones individuales a Dios y luego terminar estos momentos con un simple «Amén».

Sesión 1 DALE SIGNIFICADO A TU VIDA

El apasionado amor de Dios
Isaías 43:4; Juan 15:9; Efesios 3:14-19

Introducción

Todos hemos visto botones y distintivos que dicen: «Sonríe, Dios te ama». Hemos escuchado lemas y hemos entonado cantos de Escuela Dominical e himnos, todos los cuales expresan que Dios nos ama. Pero no importa cuánto hayamos escuchado, dicho o cantado sobre esto, nada significativo sucederá en nuestras vidas hasta que sintamos el amor de Dios. Lo que conocemos en nuestra mente debe trasladarse al corazón. Necesitamos experimentar el apasionado amor de Dios.

Cuando sientas el amor de Dios por primera vez, te verás viviendo con un sentido de asombro y adoración. Lo triste es que todos estamos conscientes de lo que está ocurriendo en la oscura intimidad de nuestras vidas. He descubierto que mientras más crezco en Cristo, mayor es mi asombro de saber que Dios pudiera llegar a amar a alguien como yo. Pero la Biblia dice que Dios te conoce y te ama. Tan es así que dice que tiene contados todos los cabellos de nuestra cabeza. Dios está diciendo: «Yo sé todo lo que se puede saber acerca de ti e incluso así te amo».

El gran panorama

Dedica unos momentos a leer esta introducción al grupo. Hallarás sugerencias de cómo hacerlo al principio de la sección del líder.

Una amplia perspectiva de tu mundo

Pregunta número uno. Para esta pregunta no hay respuesta correcta o incorrecta. A alguien le sería fácil contestar mientras que para otro le sería difícil. Sin embargo, esto te conduciría a reflexiones sinceras sobre cómo varios miembros del grupo han o no experimentado el amor de Dios.

Un retrato bíblico
Lee Isaías 43:4; Juan 15:9; Efesios 3:14-19

Pregunta dos Isaías 43:4 dice que eres una criatura preciosa ante los ojos de Dios. Cada uno de ustedes lo es. Todos somos preciosos ante él. Es necesario que enfrentemos la profunda verdad de que Dios en realidad lo dijo. Lo ha dicho en la Biblia, de tapa a tapa. Lo que nos toca hacer es creerlo, aceptarlo y regocijarnos en esto. Es necesario que lo reclamemos y nos aferremos a esto con todas nuestras fuerzas. Tenemos que dejarlo que toque nuestros corazones. Debemos impedir que este mensaje se procese en la mente para luego descartarlo. Es necesario que digamos en voz alta: «Dios me ama».

En Juan 15:9 Jesús nos dice que nos ama tanto como su Padre celestial lo ama a él. Detente y trata de captar la importancia de esta declaración. ¿Cuánto ama Dios el Padre a su Hijo Jesús? ¡En esa misma medida Jesús nos ama a nosotros! Necesitamos aceptar esta verdad, regocijarnos en ella y vivir como hijos amados de Dios.

En Efesios 3:19 el apóstol Pablo dijo que el amor de Cristo por ti sobrepasa todo entendimiento. En otras palabras, tu mente no puede llegar a comprender la profundidad de su amor por ti. Es demasiado profundo, demasiado alto, demasiado ancho para que lo puedas captar por completo. Pero aún así quiere que lo sepas, y por eso ¡lo dijo en alta voz!

Pregunta tres. Dios declaró su amor por nosotros. También nos llama a responder viviendo vidas de amor por él. Piensa en el «Gran Mandamiento».

> —Maestro, ¿cuál es el mandamiento más importante de la ley?
> —"Ama al Señor tu Dios con todo tu corazón, con todo tu ser y con toda tu mente" —le respondió Jesús. Éste es el primero y el más importante de los mandamientos. El segundo se parece a este: "Ama a tu prójimo como a ti mismo. De estos dos mandamientos dependen toda la ley y los profetas" (Mateo 22:36-40).

Primero debemos recibir su amor; luego, como respuesta a su inmensa gracia, se nos llama a amarlo a él y a los demás. ¿Cómo se vería un seguidor de Cristo maduro cuando está «arraigado y establecido en su amor»? Tómense tiempo como grupo para reflexionar sobre qué características marcan la vida de una persona que conoce el amor de Dios y que permite que ese amor transforme sus relaciones con los demás.

NOTAS PARA EL LÍDER

Definir el enfoque
Lee la Instantánea «Dios dice que te ama» antes de la Pregunta 4

Pregunta cuatro Cada imagen proyecta diferentes aspectos del amor de Dios. La gallina coloca sus alas sobre sus polluelos para protegerlos... Nuestro Dios tiene un amor protector sobre nosotros. Un buen pastor lleva a las ovejas a pastos verdes... Nuestro Dios tiene un amor proveedor para nosotros. Un padre muestra compasión por sus hijos... Nuestro Dios nos tiene compasión. Una madre es dulce y tierna... Nuestro Dios siente un amor tierno y sensible por sus hijos. Las ilustraciones continúan. Tómense tiempo como grupo para reflexionar sobre las muchas ideas que se pueden extraer de estas imágenes.

Lee la Instantánea «Dios ha demostrado su amor por ti» antes de la Pregunta 6

Pregunta seis Muchos de nosotros creemos que Dios está medio interesado en nosotros, pero pocos de nosotros creemos que nos ama apasionadamente. Nos ama hasta el extremo de haber tomado nuestro lugar y morir por nosotros. Nos vio condenados por nuestro pecado. Sabía que nos hallarían culpables ante los tribunales celestiales y que estaríamos sentenciados a muerte. Sabía que sin su radical intervención, sufriríamos separación y vacuidad en esta vida así como también el castigo y la condenación en la siguiente.

A Jesús lo arrestaron, se burlaron de él, lo golpearon, escupieron sobre él, lo abofetearon, le dieron una corona de espinas y lo clavaron en la cruz. Él permaneció allí colgado y desnudo para morir una muerte lenta y dolorosa. Hizo todo esto por una sola y única razón: ¡Porque nos ama con gran pasión! No pudo soportar vernos sufrir la separación y la condenación del infierno para siempre. Asumió nuestro castigo. ¡Demostró un amor por nosotros que va más allá de toda duda!

En ocasiones, en algún momento de debilidad, un cristiano me dice: «¿Sabes? En realidad no creo que yo le interese a Dios». Cada vez que oigo un comentario como este, se me sacude el cerebro. Siento el deseo de preguntar: «¿Qué más pudo él hacer? ¿Puedes establecer alguna norma que vaya más allá que dar la sangre de la vida? ¿Qué más quieres? La norma más alta se cumplió por ti. Dios quitó toda sombra de duda de su gran amor por ti muriendo en la cruz». Tal declaración revela más sobre la incapacidad de la persona para recibir el amor de Dios que sobre lo que Dios ha hecho para demostrarlo. Se ve a las claras que algo está quebrado, pero no de parte de la ecuación que pertenece a Dios.

Trata de colocarte en su lugar. ¿Cómo te sentirías de haberlo dado todo, incluso tu propia vida, y todavía la gente dijera: «No creo que me ama»? Dios no pudo mostrar su amor por nosotros de mejor forma ni de un modo más gráfico que de aquella en que lo hizo.

Lee la Instantánea «Dios continúa demostrando su amor» antes de la Pregunta 8

Pregunta ocho Algunas personas pudieran decir: «¿Y hoy? ¿Qué está haciendo Dios en la historia humana para demostrar su amor en nuestros días y en esta era?» Esa es una buena pregunta. Para responderla, déjame llevarte al poderoso versículo de la Biblia que parece casi imposible que sea cierto: «El que no escatimó ni a su propio Hijo, sino que lo entregó por todos nosotros, ¿cómo no habrá de darnos generosamente, junto con él, todas las cosas?» (Romanos 8:32). Este pasaje nos recuerda que si Dios no escatimó la vida de Jesús demostrando su amor por ti, tampoco economizará en lo que respecta a tu provisión y su cuidado continuo.

Esta pequeña historia nos ayudará a llegar al punto de una total comprensión. Tal vez quieras leérsela a tu grupo al prepararte para comentar las preguntas ocho y nueve. Imagínate que un amigo tuyo muy rico te invitara a una cena suntuosa. Te dio una invitación impresa en relieve de oro, mandó a un chofer para recogerte, hizo que un mayordomo abriera la puerta y te invitara a entrar en la casa y te sentó a la mesa llena de los alimentos más extravagantes que jamás hayas visto. ¿Crees que tu amigo rico, que se tomó todo ese trabajo de expresarte su amor por ti, rehusaría darte cubiertos para comer? ¡Jamás!

Sitúate en el cuadro

Explica a los miembros del grupo que al comenzar la próxima reunión les concederás tiempo para comentar cómo pusieron su fe en acción. Permite que cuentan sus historias. Sin embargo, no limites su interacción a las dos opciones que se proveen. Tal vez ellos, como resultado de tu estudio, se hayan situado en el cuadro de otras maneras. Permite una comunicación honesta y abierta.

Además, deja claro que no habrá ningún tipo de «examen» ni informes forzados. Todo lo que vas a hacer es dedicar un tiempo para que voluntariamente la gente hable acerca de cómo ellos aplicaron lo que aprendieron en su último estudio.

NOTAS PARA EL LÍDER

Algunos miembros del grupo sentirán presión si creen que vas a hacer que cada uno traiga un «informe». Tú no querrás que alguien deje de venir a la próxima reunión del grupo porque tema tener que decir que no hizo lo que aprendieron en la sesión anterior. Concéntrate mejor en proveer un lugar para la comunicación honesta sin crear presión ni el temor de ser avergonzado.

Todas las sesiones desde este punto en adelante comenzarán con un repaso a la sección «Sitúate en el cuadro» de la sesión previa.

DALE SIGNIFICADO A TU VIDA   SESIÓN 2

La presencia de Dios
Mateo 27:35-54

Introducción
La segunda gran verdad que nos trae libertad es que Dios nos ama tanto que no pudo soportar amarnos desde la distancia. Así, pues, preparó una forma para que experimentáramos su presencia las veinticuatro horas del día los 365 días del año. Por medio de la presencia del Espíritu Santo, Dios ha tomado residencia permanente en nuestros corazones y nuestras vidas. Está con nosotros dondequiera que vayamos, cualquier cosa que hagamos, con quienquiera que estemos. La presencia de Dios nos ofrece compañía, convicción y valor. Como seguidores suyos necesitamos estar cada vez más conscientes de su presencia al crecer en la fe.

El gran panorama
Dedica unos momentos a leer esta introducción al grupo. Hallarás sugerencias de cómo hacerlo al principio de la sección del líder.

Una amplia perspectiva de tu mundo
Pregunta uno Todos lo hemos visto suceder. En cada uno de nosotros hay un poco del doctor Jekyl y del señor Hyde. Alienta a los miembros del grupo a dar a conocer cómo han visto ocurrir esa transformación en nuestras vidas o en la vida de otra persona.

Un retrato bíblico
Lee Mateo 27:35-54

Preguntas dos y tres En el Antiguo Testamento se puede apreciar a las claras que Dios amaba a su pueblo. Pero en ese punto de la historia de la redención, Dios amaba a su pueblo desde la distancia. Intervenía en sus vidas de vez en cuando, demostrando su poder y su amor y obrando milagros. Pero en sentido general, su presencia no se sentía de modo profundo y personal.

Sin embargo, en el Nuevo Testamento vemos ocurrir cosas asombrosas. Jesús, la segunda persona de la Trinidad, cobró forma humana y se acercó un paso más a nosotros. Juan 1:14 dice que Dios se hizo hombre y habitó entre nosotros. Ahora la presencia personal de Dios se podía ver y tocar en la persona de Jesús. Dios, en la forma de Jesucristo, por primera vez se estaba relacionando con personas comunes y corrientes. Lo vemos enseñando entre la gente común, confraternizando con los pescadores, sanando a los enfermos, alimentando a las personas y bendiciendo a los niños.

No obstante, el velo del templo todavía era un recordatorio constante de que los seres humanos no se podían acercar a la presencia de Dios. Ese asunto se resolvió de modo completo y terminante cuando Jesús murió en la cruz, y las manos de Dios rasgaron el velo en dos desde arriba hasta abajo. El camino hacia Dios ahora estaba abierto por medio del sacrificio de Jesús. Ya no existirían más barreras entre Dios y su pueblo.

Desde entonces fuimos invitados a acercarnos como hijos a los brazos del Padre. De hecho, Pablo completa este panorama de intimidad cuando dice: «¿Acaso no saben que su cuerpo es el templo del Espíritu Santo, quien está en ustedes y al que han recibido de parte de Dios? Ustedes no son sus propios dueños» (1 Corintios 6:19). Nuestro cuerpo es el hogar donde reside el Espíritu Santo. Si conoces a Jesús como Salvador y Señor, Dios ha venido a residir en tu vida.

Definir el enfoque
Lee la Instantánea «Compañía» antes de la Pregunta 4

Pregunta cuatro La presencia de Dios nos proporciona una compañía que ningún ser humano podrá ofrecer. Entonces, ¿por qué no la sentimos con más frecuencia? Muchas veces no experimentamos su presencia porque no creemos en su Palabra. Esta no es una acusación, sino solo una observación. Sé que muchas personas no creen en su Palabra porque lo noto por la forma en que oran.

Estoy consciente de que es peligroso hacer comentarios editoriales sobre las oraciones de los demás, pero de vez en cuando creo que sería útil. Con gran frecuencia escucho a personas orar en forma chabacana. Oran diciendo: «Oh, Señor, acompáñame hoy». Dios ya dio su promesa: «Estaré con ustedes siempre, hasta el fin del mundo». «Nunca te dejaré; jamás te abandonaré». «No los voy a dejar huérfanos». «Vive con ustedes y estará con ustedes». Lo dice una y otra vez. Él está contigo. Cree su Palabra.

¿En su lugar, por qué no orar así: «Señor, ayúdame a vivir hoy consciente de tu presencia. Creeré que estarás conmigo según dice tu palabra. Ayúdame a experimentar tu presencia profunda y personalmente en todo aquello que haga. Abre mis oídos para escuchar lo que me dices. Abre mis ojos para ver tus obras»?

Cuando respondamos de esta manera, comenzaremos a sentir la presencia de Dios en cada aspecto de nuestras vidas. Para alentar a los miembros del grupo sobre esta verdad, anímalos a contar acerca de las ocasiones en que experimentaron la presencia íntima de Dios en sus vidas diarias.

Pregunta cinco Admitámoslo, si Jesús estuviera con nosotros en el plano físico, toda nuestra agenda estaría vuelta boca abajo. Comenta esta pregunta y trata de discernir por qué su presencia en Espíritu no parece motivarnos tanto como su presencia física lo haría. Alienta a los miembros de tu grupo pequeño a procurar vivir cada momento de la vida sabiendo que la presencia espiritual de Jesús en sus corazones es tan real como lo sería su presencia física. Esta pregunta tiene un seguimiento en la sección de aplicación de esta lección titulada: «Sitúate en el cuadro». Asegúrate de destacarlo al final de esta sesión y de alentar a los miembros del grupo a usar este ejercicio al comenzar su plan de la semana.

Lee la Instantánea «Convicción» antes de la Pregunta 6

Pregunta seis Estas dos declaraciones tocan los extremos opuestos sobre el tema de la convicción. Algunas personas alegan que nunca más se sintieron culpables por haber recibido el perdón. No sienten convicción y no se motivan a volverse de su pecado. Este extremo es peligroso, conduce a la inmadurez espiritual y a continuar viviendo una conducta pecaminosa. Esas personas necesitan escuchar un poco más sobre la convicción del Espíritu Santo.

Por otra parte, están aquellos que se sienten aplastados por la culpabilidad y la convicción personal. Van más allá de la convicción del Espíritu Santo y añaden diez mil libras de presión extenuante sobre sus propias vidas. Se paralizan y se aplastan bajo el peso de su culpabilidad. Esto también está mal. El Espíritu convence por amor y con el deseo de motivarnos a realizar un cambio. A estas personas hay que recordarles del amor de

Dios. Él quiere ayudarles a seguir creciendo, pero su amor por ellos no se ha ausentado.

Lee la Instantánea «Aliento» antes de la Pregunta 8

Pregunta ocho Cuando un creyente pierde a un ser querido, Dios le dará el aliento necesario para levantarse cada mañana y continuar hacia adelante. Él también ofrece aliento a aquellos que han perdido sus trabajos… Ningún fracaso para Dios constituye el fin. Él le dará al vendedor el aliento para seguir haciendo llamadas de negocio, aunque las últimas cien de ellas hayan resultado infructuosas; les dará aliento a las madres jóvenes para continuar realizando sus tareas repetitivas que se relacionan con la maternidad; les dará aliento a aquellos que necesitan decir que no a los compañeros que están tratando de convencerle a hacer algo que saben que está mal; les dará aliento a aquellos que sirven en su iglesia aunque nadie les dé un reconocimiento; les dará a las personas el aliento para enfrentar asuntos que surgen en la vida sexual, para que puedan vivir de una manera que le agrade a él. La presencia de Dios proporciona el aliento que nunca podremos fabricar por nuestra propia cuenta.

Sitúate en el cuadro

Desafía a los miembros del grupo a tomar un tiempo durante la próxima semana para utilizar parte de esta sección de aplicación como una oportunidad para continuar creciendo.

DALE SIGNIFICADO A TU VIDA SESIÓN 3

El poder de Dios
Efesios 1:15-23

Introducción

No importa cuán espirituales, intelectuales, disciplinados o sofisticados seamos, casi todos podemos identificar aspectos de nuestras vidas por los que daríamos cualquier cosa con tal de cambiarlos. Muchos de nosotros vivimos con cadenas que nos atan. No parece que tenemos el poder de romper esas cadenas. Pero Dios tiene un ilimitado exceso de poder que quiere poner a nuestra disposición. No quita todas nuestras luchas, pero sí nos ofrece poder para que podamos resistirlas y comenzar a obrar junto con él en el proceso de traer cambios a nuestras vidas y romper las cadenas que nos atan.

Dios quiere desatar su poder en nuestras vidas con un objetivo de transformación. En 2 Corintios 5:17 dice: «Por lo tanto, si alguno está en Cristo, es una nueva creación. ¡Lo viejo ha pasado, ha llegado ya lo nuevo!» Como cristianos, nos convertimos en una nueva persona. Todo lo viejo se va a desvanecer y aprenderemos a utilizar el poder de Dios. Entramos en una relación de asociación con él al aprender a andar en libertad.

El gran panorama

Dedica unos momentos a leer esta introducción al grupo. Hallarás sugerencias de cómo hacerlo al principio de la sección del líder.

Una amplia perspectiva de tu mundo

Pregunta uno Como líder, no le pidas a los miembros que se califiquen ellos mismos o que digan cuántas preguntas se aplican a sus vidas. Tan solo dales la oportunidad para expresar cómo se sintieron mientras tomaban la prueba. En este punto pueden ofrecerse de voluntarios para dar mucha o ninguna información, según lo deseen. Para aquellos que se sientan un poco más intrépidos, la pregunta de seguimiento les dará una oportunidad para revelar algún aspecto en el cual sintieron alguna convicción.

Un retrato bíblico
Lee Efesios 1:15-23

Pregunta dos Pablo eleva una poderosa oración por los seguidores de Cristo pertenecientes a la iglesia de Éfeso. Esto mismo debe pedirse en oración por todos los creyentes. Además de orar pidiendo poder, Pablo le pide a Dios que le dé a esos cristianos un espíritu de sabiduría, un mejor concepto de Dios, iluminación para sus ojos, conocimiento de la esperanza que tienen en Cristo, un conocimiento de la gran herencia que tienen como santos de Dios y una experiencia del poder de la resurrección de Cristo. Reflexiona en una cantidad de estas peticiones de oración. ¿Por qué son aún necesarias en la vida de los cristianos hoy en día?

Pregunta tres Pablo ora para que ese mismo poder que levantó a Jesús de la tumba esté obrando en las vidas de los creyentes. Piensa en esto. ¿Qué tipo de poder hizo falta para que Jesús resucitara? ¿Qué tipo de poder victorioso se ejerció cuando Jesús se liberó de las cadenas de la muerte? ¿Qué cantidad de poder hizo falta para romper el poder del pecado y del diablo y ganar la salvación para todos aquellos que creyeran? Ese es el mismo tipo de poder que está obrando en las vidas de todos aquellos que creen en Jesús. ¡Ese poder es algo serio!

Definir el enfoque
Lee la Instantánea «El poder de Dios en la creación» antes de la Pregunta 4

Preguntas cuatro y cinco Tómense un tiempo como grupo para reflexionar sobre la grandeza de la creación de Dios. Cada persona que haya mirado las maravillas del mundo que Dios creó tiene un sentido de su gran poder. ¡Los cielos aún proclaman la verdad de que Dios reina! Las montañas y los océanos cantan sus alabanzas. Piensa con profundidad sobre la revelación del poder de Dios a través de la creación. Ese mismo poder está obrando en todos los seguidores de Cristo. Como puedes ver, Jesús, quien creó los cielos y la tierra, mora en tu vida.

Lee la Instantánea «El poder de Dios en los milagros» antes de la Pregunta 6

Pregunta seis Hay todo tipo de historias bíblicas que cuentan sobre el poder milagroso de Dios. ¿Recuerdas a Daniel en el foso de los leones? A Daniel lo echaron para servir de comida a los leones; pero de repente los leones ya no sintieron hambre. O lee alguna vez el libro de Jonás. Dios designó que una tormenta se desatara sobre el barco en el cual escapaba Jonás. Poco después la tripulación del barco arrojó a Jonás fuera de borda y Dios envió un gran pez hecho a la medida para que se lo tragara. Tres días más tarde, Dios le ordena al pez que deposite a Jonás en la ribera cerca del destino al cual intentaba enviarlo. Hacer milagros no constituye ningún problema para Dios. Estas son tan solo dos de las varias historias milagrosas del Antiguo Testamento.

Muchos de esos milagros también se pueden apreciar en el Nuevo Testamento. Considera el nacimiento de Jesús. ¿Qué es lo primero que Dios hace para conducir al pueblo a la celebración del nacimiento de Jesús? Llama a una estrella para señalar el camino hacia el establo de Belén. A los científicos de hoy en día aún les cuesta bastante trabajo estudiar las estrellas, ni por un momento podrían soñar en tratar de crear o controlar una de ellas. Dios también originó la concepción sobrenatural en María, una joven virgen que concibió a un hijo por medio del Espíritu Santo. Y cuando Jesús crece, obra sanidades dando a los ciegos la vista y haciendo a los cojos caminar. Lo vemos convirtiendo el agua en vino y alimentando a multitudes de personas con tan solo un puñado de alimento. Incluso lo vemos resucitando a muertos. El milagro más grande de todos sucedió cuando Jesús se levantó de la tumba tras haber dado su vida por nuestros pecados. ¿Quién tiene esa clase de poder? La respuesta está clara... ¡Dios!

Pregunta siete Algunas personas dicen que Dios ya no obra milagros. Eso no es verdad. Dios continúa sanando cuerpos, corazones, relaciones, emociones y todo aquello que decida tocar. No controlamos a Dios ni lo manipulamos para lograr nuestros propósitos. Tampoco podemos reclamar sanidad o demandar que Dios siempre nos dé lo que le pedimos. Sin embargo, aún obra poderosos milagros en las vidas de aquellos que le siguen. Si no crees esto, tan solo escucha las historias que cuentan los miembros de tu grupo. La mayoría de ellos, si han seguido a Cristo durante cualquier cantidad de tiempo, han visto el poder de la mano de Dios obrando de formas milagrosas.

Lee la Instantánea «¡Dios no ha cambiado!» antes de la Pregunta 9

Preguntas ocho y nueve Todos tenemos ciertos aspectos en los cuales necesitamos experimentar la presencia de Dios y el poder de su fortaleza. Mientras los miembros del grupo relatan alguna área de su vida donde ellos sienten la necesidad de una experiencia fresca del poder de Dios, asegúrate de tomar nota de esto y de orar por ellos en los días siguientes.

Sitúate en el cuadro

Desafía a los miembros del grupo a tomar un tiempo durante la próxima semana para utilizar parte de esta sección de aplicación como una oportunidad para continuar creciendo.

DALE SIGNIFICADO A TU VIDA Sesión 4

El plan de Dios
Hageo 1:2—2:9

Introducción

Dios prometió desatar su poder en nuestras vidas al realizar aquella transformación que nos haga más semejantes a Jesús. Sin embargo, toda esa obra no la hace él solo; nos llama a obrar en asociación con él. En esta sesión nos concentraremos en un sencillo proceso de cuatro pasos para procurar esa transformación en nuestras vidas. Serviría de ayuda volver a dirigir la atención de los miembros del grupo hacia la introducción de la sesión tres. Vuelve a mirar la prueba de la transformación y alienta a cada miembro del grupo a identificar algún aspecto específico de sus vidas en los cuales desean experimentar un cambio. Esta lección solo tendrá sentido si cada miembro del grupo se concentra en un aspecto específico de su vida donde siente que el Señor quiere que experimenten una transformación.

El gran panorama

Dedica unos momentos a leer esta introducción al grupo. Hallarás sugerencias de cómo hacerlo al principio de la sección del líder.

Una amplia perspectiva de tu mundo

Pregunta uno Parte de la razón por la cual Dios nos llama a participar en el proceso de transformación se debe a que él está tratando de forjar el carácter de nuestra vida. Sin duda alguna Dios quiere vernos libres de las cadenas que nos atan. Sin embargo, también está tratando de fortalecer el tejido de nuestra vida y profundizar nuestras raíces. Bien podría ondear una varita mágica y transformarnos en un instante, pero llegaría el momento en que ese acto produciría en nosotros una personalidad débil, indisciplinada, malcriada e invertebrada. También nos mantendría alejados de algunos hermanos y hermanas que necesitan vernos incluso con nuestras faltas. Él nos ama demasiado para tratarnos de esa forma. En su lugar, dice: «Tomaré participación contigo en romper las cadenas que te atan, pero tendrás que cooperar conmigo. Tendrás que abandonar el concepto de que puedes hacerlo todo solo y dejar que otros te vean como una persona débil. Vamos a romper esas cadenas juntos y vas a profundizar en el carácter y forjarlo a lo largo de todo el trayecto. Al final de este proceso de crecimiento, serás más apto para que te use en mi reino. Tendrás una columna vertebral más fuerte y más apropiada para soportar las duras realidades que te aguardan en el futuro». En su amor, Dios quiere obrar con nosotros y su pueblo en calidad de asociación.

Un retrato bíblico
Lee Hageo 1:2—2:9

Pregunta dos Este corto libro de la Biblia es un maravilloso ejemplo de asociación con Dios. El pueblo de Israel se había concentrado solo en sus propias necesidades y había dejado de reconstruir el templo. Ahora Dios los está llamando a la acción. Al estudiar este pasaje, notarás la forma en que Dios obra con su pueblo en calidad de asociación. Identifica qué participación tomó Dios en el proyecto y qué esperaba que el pueblo hiciera. Aquí hay muchos paralelos en cuanto a la forma en que Dios continúa obrando en colaboración con sus seguidores.

Definir el enfoque
Lee la Instantánea «El desarrollo de un conjunto de motivaciones» antes de la Pregunta 4

Preguntas cuatro y cinco Como se explicó en la introducción a esta sesión, el resto de la misma tendrá sentido solo si cada miembro del grupo identifica algún aspecto específico en el cual necesitan experimentar una transformación. Los miembros del grupo necesitan integrar los principios acerca de los cuales han leído a algún aspecto específico del crecimiento.

Hay muchos ejemplos que podrían considerar como grupo. Este es un ejemplo para darles inicio. Durante muchos años he realizado consejería a un número de personas que quieren dejar de fumar. Nos sentamos en mi oficina o en un restaurante y le pido que esa persona tome lápiz y papel y forme un conjunto de motivaciones. Digo: «Hablemos sobre las razones que hay para no fumar». Así, pues, hablamos sobre las razones financieras que la persona tiene para dejar de fumar. «¿Has calculado alguna vez cuánto cuesta un paquete de cigarrillos? «¿Cuántos paquetes te fumas al día? ¿A la semana? ¿Al mes? ¿Al año? Calculamos cuánto cuesta ese hábito y escribimos las cifras exactas… ¡Esto sí es una motivación para dejarlo! Luego acostumbro traer algunos artículos que he compilado con el correr de los años, y le pido a esa persona que lea alguna de las secciones sobre los costos físicos que se relacionan con el hábito de fumar. Luego hablo sobre los costos relacionales. Hago todo lo que está a mi alcance. Le pregunto: «¿A su esposa —o esposo— le gusta que fumes? ¿Vas a decirle alguna vez a tu hijo de nueve años que no fume? Sabes que los niños tienen una forma de hacer lo que su papá hace, incluso cuando él les dice que no lo hagan. Las acciones hablan más fuerte que las palabras».

De eso es que trata el conjunto de motivaciones. ¿Ves a qué me refiero? Esto da resultado en cualquier aspecto en el que estás procurando una transformación. Cerciórate de mirar el lado negativo si continúas en la senda equivocada, y el positivo si comienzas a experimentar una transformación.

Lee la Instantánea «Procura un plan factible» antes de la Pregunta 6

Pregunta seis Si necesitas controlar tus prácticas de presupuesto, hay organizaciones cristianas que querrán reunirse contigo y ayudarte a organizar un presupuesto, fijar metas financieras, realizar planes de disminución de deudas y formar un plan viable de transformación en ese aspecto de tu vida. Puedes conseguir ayuda con tu seguro, el planeamiento de bienes raíces, inversiones y muchos otros aspectos de tu vida financiera. Incluso, puedes llegarte hasta una librería y comprar libros que tratan sobre cómo concertar un plan para llegar a controlar tu presupuesto. La clave es que necesitas ser práctico y formar un plan realista y viable.

Para aquellos que tienen problemas con el alcohol, hay centros de rehabilitación, consejeros de pacientes que no necesitan hospitalización y grupos como la Asociación de Alcohólicos Anónimos (AAA). Cualquiera de estos planes pueden dar resultado. Aquellos que están luchando con el problema de su peso pueden conseguir incontables planes de nutrición apropiada, dietas y ejercicios. Si tienes problemas con la ansiedad, puedes leer libros, asistir a seminarios, escuchar grabaciones o unirte a un grupo de apoyo. El caso es que necesitas tener un plan, y en muchos casos ya existen buenos programas a tu alcance.

NOTAS PARA EL LÍDER

Lee la Instantánea «Avancemos en el aspecto de rendir cuentas» antes de la Pregunta 8

Pregunta ocho Hace algunos años, por medio de una serie de reuniones con médicos, me convencí de que necesitaba tomar en serio mi condición física. No se trataba de mucho sobrepeso, tal vez diez libras o algo así, pero el caso es que pasé mucho tiempo sentado detrás de un escritorio. Se me dieron instrucciones para entrar en un programa rígido de ejercicios. Sabía que nunca me enfrascaría en un programa de ejercicios a menos que tuviera a alguien a quien rendirle cuentas. Para ayudar a motivarme a mí mismo a acudir al gimnasio, hallé a un amigo que se encontraría conmigo allí y colaboraría conmigo cuatro o cinco veces a la semana. Saber que él estaría allí y que yo tenía esa responsabilidad de rendirle cuentas, evitó que me saliera del programa en más de una ocasión.

Lee la Instantánea «Andemos más cerca de Dios» antes de la Pregunta 9

Pregunta nueve Alienta a los miembros del grupo a dar a conocer metas específicas para obtener un crecimiento espiritual personal. Pídeles que oren el uno por el otro y que cada uno tenga la responsabilidad de dedicar tiempo para tener un crecimiento personal de forma regular.

SITÚATE EN EL CUADRO

Desafía a los miembros del grupo a tomar un tiempo durante la próxima semana para utilizar parte de esta sección de aplicación como una oportunidad para continuar creciendo.

El propósito de Dios
Romanos 8:28-39; Efesios 2:4-10

Introducción

Los seres humanos fueron creados para ser dinámicos, no estáticos. Algunos de nosotros hemos estado atados durante tanto tiempo que la idea de que Dios traerá transformación a nuestras vidas parece ser un concepto que está más allá de toda expectativa. Incluso podrías estar diciendo: «¿Me puede suceder esto a mí?» ¡Sí, puede suceder! De hecho, ese es el plan de Dios, es lo que él quiere que ocurra en nuestras vidas. Su mayor propósito es el de conformarnos a la imagen de Cristo.

Pero, ¿cómo ocurre? Bueno, no ocurre precisamente después de una sencilla oración dramática; no ocurre en una clase de seminario; no ocurre durante la conmoción que produce un solo sermón. El proceso de conformarnos a la imagen de Jesucristo ocurre de forma gradual en cada trinchera de la vida. Ocurre cuando visualizamos cada aspecto de nuestras vidas y procuramos vivir como él vivió. En esta sesión observaremos tres aspectos específicos en los cuales podemos procurar ser más como Jesús: cómo escuchamos, cómo hablamos y cómo usamos nuestras manos.

El gran panorama

Dedica unos momentos a leer esta introducción al grupo. Hallarás sugerencias de cómo hacerlo al principio de la sección del líder.

Una amplia perspectiva de tu mundo

Pregunta uno La meta aquí no es degradar otras iglesias u otros pastores, sino tan solo identificar algunos puntos de vista equivocados. Con mucha frecuencia esto se puede introducir en nuestro propio modo de pensar envenenando así nuestro concepto de Dios. Es necesario que nos volvamos a la Biblia y veamos lo que esta dice sobre nuestro propósito para la vida.

A veces, para identificar lo que está bien, primero es necesario que descartemos lo que está mal.

Un retrato bíblico
Lee Romanos 8:28-39; Efesios 2:4-10

Pregunta dos Dios tiene un gran propósito con tu vida. Romanos 8:29 dice que su mayor propósito no es tu comodidad ni un conflicto para toda la vida. Su mayor propósito para tu vida es conformarte a la imagen de Jesucristo, su Hijo. Pero, ¿qué significa conformarnos?

En algunos círculos *conformidad* es una palabra fea. En lo personal no me gusta cómo se oye. ¿Sabes lo que acude a mi mente cuando escucho la palabra *conformidad*? Pienso en filas de personas marchando, llevando el paso con aburrimiento, todas vestidas iguales, pensando lo mismo y actuando igual. Pienso en la erradicación de la individualidad, la pérdida de la personalidad y la espontaneidad.

Esto no es lo que Dios quiere decir con conformidad. Él no está interesado en conformarte en el plano de lo externo; no está interesado en estandarizar las personalidades o en quitarte tu temperamento. Ni tan siquiera está interesado en conformarte a las normas aceptables de la iglesia.

En su lugar, Dios quiere que seas *extra*ordinario. Él conoce tu personalidad, tu idiosincrasia y tu naturaleza. Estás creado de un modo asombroso y maravilloso. El propósito primordial de Dios es el de salvarte, libertarte, dotarte de poder, equiparte e instruirte en cuanto a cómo puedes llegar a tener un carácter semejante al de la persona más extraordinaria que jamás haya vivido en este planeta: Jesús.

Pregunta tres En lugar de escuchar las tantas voces del mundo que nos dicen cuál es nuestro propósito en la vida, haz que los miembros del grupo estudien estos dos pasajes y aprendan de la Biblia. Después que resuman su aprendizaje en una declaración breve, invítales a leerlo ante el grupo o que lo expliquen con sus propias palabras. Alienta a los miembros del grupo a expresarlo en la primera persona del singular: «El plan de Dios *para mí* es...»

Definir el enfoque

Lee la Instantánea «Oídos como los de Jesús» antes de la Pregunta 4

Pregunta cuatro Hay muchas cosas que nos pueden distraer la atención para impedir que escuchemos la voz de Dios: agendas ocupadas, el pecado en nuestras vidas, la negligencia en tomarnos el tiempo de estar en silencio y muchas otras cosas. Alienta a los miembros del grupo a hablar sobre algunas de esas distracciones que bloquean sus oídos y les impiden escuchar la voz de Dios. Piensen juntos como grupo en cuanto a la manera de deshacerse de algunas de las distracciones para poder escuchar la voz de Dios con mayor claridad.

Pregunta cinco La adoración constituye un gran escenario para escuchar la voz de Dios. Cada vez que te reúnas con otros seguidores de Cristo es bueno orar diciendo: «Señor, hoy necesitamos escuchar algún mensaje de ti. Queremos que nos hables a través de alguna canción o a través del mensaje». Ustedes necesitan allegarse ante él con la expectativa de que recibirán un mensaje de parte de Dios.

Dios también habla con claridad a través de su Palabra, la Biblia. Ella es uno de los vehículos primordiales que Dios usa para comunicar su voluntad y dirección para nuestras vidas. Por eso es tan importante que los seguidores de Cristo se comprometan a dedicar un tiempo cada día a la lectura de la Palabra de Dios. Es necesario que la leamos y luego sigamos lo que Dios dice en ella.

Dios también habla por medio de la voz callada y apacible de su Espíritu. Sé que parece algo místico, pero esos leves empujones y esas convicciones que sentimos provienen de Dios. De vez en cuando Dios le habla a sus hijos por medio de su Espíritu. No solo necesitamos escuchar esas insinuaciones, sino que también necesitamos estar seguros de que provienen de Dios para luego actuar en cuanto a eso.

Lee la Instantánea «Bocas como la de Jesús» antes de la Pregunta 6

Preguntas seis y siete Una palabra de halago para agradecer algún acto pequeño de bondad tiene más poder de lo que muchos de nosotros nos damos cuenta. Los halagos se registran en lo profundo del ser. También necesitamos darnos cuenta del valor de las declaraciones de afecto. Las personas tienen necesidad de escuchar todo lo que significan para nosotros.

Dios nos da un ejemplo de este tipo de afirmaciones verbales en Isaías 43, uno de mis pasajes favoritos de las Escrituras. Lo que Dios, el Padre, está diciendo es: «Te he llamado por tu nombre; eres mío. Porque te amo y eres ante mis ojos precioso y digno de honra». Es bueno que se nos recuerde que Dios nos ama. Pero la clave está en que aprendamos del ejemplo de Dios y comencemos a expresar palabras de aliento, afirmación y bendición.

Se puede lograr un increíble poder para el bien cuando usamos nuestras lenguas de un modo constructivo. Un mensaje de aliento puede dar por resultado un buen día para alguna persona. Los halagos realzan su estado de ánimo. Si le decimos a alguien cuán lleno está nuestro corazón del amor que sentimos por ellos, podremos ejercer una influencia en ellos para toda la vida. El propósito de Dios es que seamos más semejantes a Jesús. Esto significa que necesitamos aprender a usar nuestras palabras para realzar a otras personas.

Lee la Instantánea «Manos como Jesús» antes de la Pregunta 8

Pregunta ocho Cuando te detienes a pensar en esto, te darás cuenta que Jesús hizo muchas cosas con sus manos. Trabajó duro como carpintero; tocó a aquellos que estaban enfermos y desahuciados; alimentó a los que estaban hambrientos; lavó los pies de sus discípulos. Si pensamos en todo lo que Jesús hizo con sus manos, eso se convierte en un poderoso ejemplo que podemos seguir.

Pregunta nueve Aprovecha esta oportunidad al final de la reunión de tu grupo para apoyar a cada uno de ellos en su empeño de ser más semejantes a Jesús. Esta es la oportunidad de llevar a la práctica lo que has aprendido y alentarse unos a otros a ser más semejantes a Jesús.

Sitúate en el cuadro

Desafía a los miembros del grupo a tomar un tiempo durante la próxima semana para utilizar parte de esta sección de aplicación como una oportunidad para continuar creciendo.

DALE SIGNIFICADO A TU VIDA — SESIÓN 6

LAS PROMESAS DE DIOS
Juan 10:7-10; Juan 14:1-6

Introducción

Dios ha hecho mucho para romper las cadenas que nos atan. Ha demostrado la profundidad de su apasionado amor por todos aquellos que creen en él; nos ha dado la presencia de su Espíritu Santo para llenarnos, guiarnos y fortalecernos; ha desatado su gran poder en nuestras vidas; nos ha dado un plan práctico sobre cómo podemos participar en el proceso de transformación que es necesario que ocurra en nuestras vidas y también nos ha dado un propósito para vivir. Ese propósito es para nosotros el de llegar a ser cada vez más semejantes a su Hijo, Jesucristo. Y como si todo esto fuera poco, Dios nos ha dado muchas promesas para ayudarnos a obtener nuestra libertad. En este estudio nos concentraremos en dos de esas promesas: experimentaremos la riqueza de su bendición en esta vida y tenemos la promesa de vivir la eternidad en el cielo con nuestro Dios. Hemos obtenido la libertad de las cadenas que nos tenían cautivos porque Jesucristo se levantó de los muertos, conquistó la muerte y al diablo, y se adelantó al ir a preparar un lugar para todos aquellos que creen en él.

El gran panorama

Dedica unos momentos a leer esta introducción al grupo. Hallarás sugerencias de cómo hacerlo al principio de la sección del líder.

Una amplia perspectiva de tu mundo

Pregunta uno ¿Te das cuenta del poder que tiene una promesa? Un soldado que trasladaron a otro lugar, le promete a su esposa: «Algún día regresaré a casa para estar contigo y con los niños». Entonces se cartean entre sí. Hablan por teléfono cada vez que pueden. El soldado se desanima porque detesta estar separado de sus seres queridos. Pero ahí está la promesa de que algún día regresará al hogar. Su esposa se está encargando de los quehaceres de la casa y de los niños, pero continúa hacia adelante sabiendo que recibió la promesa de que él volverá. Ambos vencen el desespero porque tienen una promesa que les da esperanza.

Si tenemos esperanzas de promesas humanas que a veces no se cumplen en la realidad, ¡cuánto más hallaríamos esperanza en las promesas de Dios! Toma tiempo para reflexionar sobre las promesas que Dios le ha hecho a todos aquellos que le siguen.

Un retrato bíblico
Lee Juan 10:7-10; Juan 14:1-6

Pregunta dos Jesús está estableciendo un contraste entre él mismo y el diablo. El deseo de Jesús es protegernos, proveer para nosotros, amarnos y llevarnos al cielo. Quiere que experimentemos una vida plena y abundante. El ladrón es el diablo, el enemigo de nuestras almas. Él quiere robarnos el gozo, despojarnos de la esperanza y dejarnos vacíos y desnudos. Es necesario que aprendamos a mantener nuestros ojos fijos en el buen Pastor y que le sigamos siempre.

Pregunta tres El propio Jesús promete que nos va a preparar un lugar en el cielo para todos aquellos que creemos en él. También quiere que sepamos que él será el único que nos llevará al paraíso eterno. Sin embargo, él no dice que las puertas del cielo están abiertas para todo el mundo. En su lugar enseña que solo él es el camino hacia el cielo. Tan solo aquellos que tienen fe en él y que reciben su perdón viven con la promesa de pasar la eternidad con Dios.

Definir el enfoque
Lee la Instantánea «La experiencia de la bendición de Dios en esta vida» antes de la Pregunta 4

Pregunta cuatro Cuando experimentamos épocas de desespero, debemos recordar que aún vivimos con una promesa. A pesar de todo aquello que enfrentemos, lo enfrentamos con Aquel que nos ama en una medida que sobrepasa toda descripción. Confrontamos nuestras luchas con la presencia del Dios Todopoderoso que mora en nosotros y quien nunca nos dejará ni nos desamparará; tenemos acceso a un poder mayor que cualquier otra fuerza del universo; tenemos propósito y dirección para la vida. Dios puede decir que la bondad y el amor nos seguirán todos los días de nuestra vida porque, incluso en medio de las luchas de la vida, sabemos que no estamos solos, él está con nosotros.

Pregunta cinco Cada una de estas declaraciones nos muestra una falta de entendimiento sobre la promesa de las bendiciones de Dios en nuestras vidas. Si es necesario, regresa a los dos pasajes que se mencionan en la sección «Un retrato bíblico» de esta sesión. Procura dar respuestas sinceras y sensibles a estas declaraciones. Trata de ofrecer un conocimiento correcto de lo que significa vivir una vida plena y abundante como seguidor de Cristo.

Lee la Instantánea «La experiencia de la bendición de Dios en esta vida» antes de la Pregunta 7

Pregunta siete Si pudiéramos asomarnos tras la cortina del tiempo y dar una ojeada de treinta segundos para apreciar lo que sería el cielo, nunca más volveríamos a ser iguales. Tendríamos la tendencia de interpretar todas las dificultades de la vida contra el telón de fondo de la apariencia del cielo. Nos hallaríamos repitiendo las palabras del apóstol Pablo en Romanos 8:18: «Considero que en nada se comparan los sufrimientos actuales con la gloria que habrá de revelarse en nosotros».

Estaremos en la eternidad mucho más tiempo del que estamos en la tierra. Algunos de nosotros tenemos la tendencia de concentrarnos solo en el aquí y ahora. Pero Dios quiere que vivamos por encima del aquí y ahora, y que vivamos con la esperanza de su promesa. Aunque creas que no puedes resistir nada más, aunque creas que no puedes dar un paso más, aunque sientas que te estás ahogando, Dios dice: «¡Piensa en el cielo y resiste!»

SITÚATE EN EL CUADRO

Desafía a los miembros del grupo a tomar un tiempo durante la próxima semana para utilizar parte de esta sección de aplicación como una oportunidad para continuar creciendo.

InterAcciones
serie para grupos pequeños

Encuentra el balance en tu vida diaria
Toma control de tu vida

Introducción: Encuentra el balance en tu vida diaria

Imagínate que estás detrás del timón de un volante manejando a setenta kilómetros por hora por la carretera de una montaña llena de curvas. La velocidad que llevas ofrece seguridad para las condiciones de dicho camino... o al menos piensas así. El pavimento está mojado debido a la llovizna y, aunque no estés consciente de ello, la temperatura está bajando con rapidez. Es tarde en la noche y llevas horas manejando. El radio está encendido y tu mente está concentrada en el camino que se halla frente a ti. De repente el camino se siente diferente. El timón está suelto y no responde. Tu corazón comienza a palpitar al darte cuenta que la parte trasera de tu carro se está deslizando. La lluvia se ha congelado y se ha convertido en una capa de hielo. Comienzas a resbalar sin poder controlarlo. Tus reflejos te dirigen a empujar el pie sobre el freno. Pero eso no hace más que aumentar la velocidad de tu deslizamiento y comienzas a dar vueltas por completo... ¡estás fuera de control!

Tu mente está acelerada. Estás pensando: *¿Cómo voy a salir de esto? ¿Y si no salgo de aquí?* Mientras el carro da vueltas, te preguntas si irás a chocar contra los árboles o tal vez incluso te saldrás por la cuneta. *¿Chocaré contra otro carro? ¿Está pagado el seguro?* En una fracción de segundo, te preguntas si vivirás para contarle a otros esta experiencia.

Pocas personas deciden experimentar alguna vez lo que uno siente al estar fuera de control en absoluto y por completo. Eso es terrible. Es innatural, incómodo y puede crear una intensa ansiedad. Pero de vez en cuando todos experimentaremos la magnitud del pánico que se siente al estar fuera de control.

A veces nos sentimos de este modo en lo que concierne a asuntos internacionales. Tomamos el periódico, leemos una revista o sintonizamos las noticias y contemplamos a un mundo girando de un modo desequilibrado, nos sentimos impotentes de poder cambiar el curso de los sucesos. Y si ese caos internacional nos hace sentir incómodos, más incómodos nos sentimos al enfrentar las confusiones de nuestra propia vida cuando está fuera de control.

Todos vivimos con una profunda necesidad de establecer un orden en el caos de nuestras vidas. Anhelamos la paz en medio de los tumultos. Queremos descubrir cómo recuperar el control de aquello que parece irse de entre las manos. En resumen, necesitamos mantener nuestras vidas bajo control.

En esta serie de Interacciones descubrirás cómo puedes recuperar el control de tu vida. Nos concentraremos en cinco aspectos primordiales que tienden a deslizarse con facilidad sobre los caminos helados de la vida. En la primera sesión daremos una hojeada al gran panorama y descubriremos dónde nuestras vidas están faltas de equilibrio. Y en las cinco sesiones restantes aprenderemos cómo controlar nuestras agendas, cuerpos, finanzas, devociones y relaciones.

Esta parece ser una empresa enorme. ¡Y es porque en realidad lo es! Pero Dios, Aquel que hizo los cielos y la tierra, está listo para ayudarte en cada paso de la jornada. Él es un Dios de orden y puede ayudarte a controlar tu vida.

Bill Hybels

SESIÓN 1   TOMA CONTROL DE TU VIDA

El control de tu vida

EL GRAN PANORAMA

Una madre llegó al hogar de sus padres y se detuvo tan solo unos momentos para recoger algo. Mientras entró a la casa con sus dos hijos, dejó encendido el motor del auto. Al volver a salir, su hijo de cuatro años corrió hacia el carro, abrió la puerta, subió al asiento del chofer y por accidente le dio a la palanca de cambios. Puso el carro en marcha y este se precipitó por la puerta del garaje de la casa de sus padres. Al observar el carro estrellarse contra la puerta, la madre se quedó parada con imponente asombro. *Nada podía haberse hecho*. Aquello estuvo fuera de control. Por suerte nadie resultó lesionado.

Pocos días después el esposo de la mujer iba manejando el mismo carro con su hijo de cuatro años sentado en el asiento trasero. Este hombre fue a dejar a un amigo en su casa y manejó por el camino de la entrada para acercarse al garaje del amigo cuando de repente se dio cuenta que estaba sobre el hielo resbaladizo. Colocó el pie sobre el freno, aunque entendía que aquello no iba a resolver la situación, pero el carro continuó resbalando y al acercarse a la puerta cerrada del garaje, le dijo a su amigo: «Creo que tenemos un gran problema». Un instante después se estrellaron contra la puerta del garaje.

El niño, que se hallaba en el asiento trasero, dijo: «Está bien, papi, a mí me pasó lo mismo la semana pasada».

Recuerdo al padre cuando me dijo: «Bill, es difícil describir cuán inútil me sentí cuando me di cuenta que estaba resbalando sobre el hielo y que no podía hacer nada para evitar que el carro se estrellara contra la puerta del garaje de mi amigo. Me sentí horrible. Estaba fuera de control por completo».

TOMA CONTROL DE TU VIDA

UNA AMPLIA PERSPECTIVA DE TU MUNDO

1 Describe en detalle alguna ocasión en la que experimentaste estar fuera de control.

¿Qué sintió tu corazón en ese momento?

UN RETRATO BÍBLICO

Lee Génesis 1:1-27

2 ¿Cómo visualizas a Dios creando orden en medio del caos en el relato de la creación?

¿Qué aprendes sobre el carácter de Dios en este pasaje?

SESIÓN 1: EL CONTROL DE TU VIDA

3 Génesis 1:26 dice: «Y dijo [Dios]: "Hagamos al ser humano a nuestra imagen y semejanza. Que tenga dominio sobre los peces del mar, y sobre las aves del cielo; sobre los animales domésticos, sobre animales salvajes, y sobre todos los reptiles que se arrastran por el suelo"». Si los seres humanos son creados a la imagen de Dios, y Dios es un Dios de orden, ¿qué aprendes sobre la humanidad en este pasaje?

DEFINIR EL ENFOQUE

Lee la Instantánea «Una hojeada sincera de tu vida»

Una hojeada sincera de tu vida

Si hicieras un inventario sincero de tu vida, tendrías que admitir que algunas cosas no están como debieran. Es raro encontrar a alguna persona que sienta que tiene un buen control sobre cada faceta de su vida. La mayoría de nosotros lucha con el sentir de que hay aspectos en la vida que están fuera de control. Si fuéramos a diagramar nuestra vida sobre una gráfica circular de sectores y honestamente dividiéramos cada área, todos los diagramas se verían diferentes.

Fíjate con atención en unos cuantos ejemplos de cómo se verían algunas vidas:

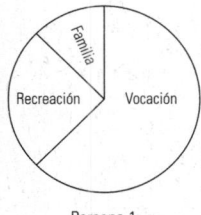

Persona 1: Familia, Recreación, Vocación

Persona 2: Crecimiento espiritual, Familia, Pasatiempos, Bienestar físico, Amistades, Vocación

Persona 3: Amistades, Familia, Vocación, Recreación, Crecimiento espiritual

4 ¿Qué observaciones puedes hacer acerca de la vida de *una* de las personas que se representaron en los diagramas anteriores?

5 Toma unos minutos para crear tu propio esquema. Cerciórate de que este refleje con sinceridad los niveles de prioridad y compromisos de tu vida. Piensa en dónde estás invirtiendo tu tiempo y energía en esta época de tu vida. Algunos aspectos que quisieras considerar son: tu vocación, vida familiar, amistades, diversión, entretenimientos, crecimiento espiritual y el compromiso a desarrollar un plan de salud física. Traza estos y muchos otros aspectos que son importantes para ti.

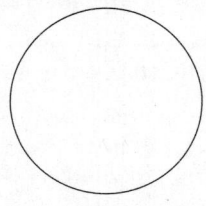

¿Qué observación puedes hacer sobre ti mismo al contemplar tu propio esquema?

¿Qué te sorprende al contemplar esta representación de tu vida?

SESIÓN 1: EL CONTROL DE TU VIDA

6 ¿Qué aspecto hay en tu vida en el cual sientes que tienes un control bueno y saludable?

¿Qué contribuye a que ese aspecto sea tan positivo?

7 ¿En cuál aspecto necesitas ejercer control lo más pronto posible?

¿Qué te impide controlar este aspecto de tu vida?

¿Qué es necesario cambiar si por fin vas a controlar este aspecto?

TOMA CONTROL DE TU VIDA

Lee la Instantánea «Es tiempo de ejercer control»

Es tiempo de ejercer control

Estamos viviendo en unos días y en una era de responsabilidades retardadas. Escuchamos el anuncio que dice: «¡Compra hoy y no pagues hasta el próximo año!» Las tarjetas de crédito se están usando al máximo. Planeamos comenzar una dieta y hacer ejercicios «mañana», pero hemos tenido esos planes ¡todos los días del año pasado! Nos olvidamos que nuestras acciones tienen consecuencias, y que la *falta* de acción puede tener consecuencias igualmente severas. La espera, la demora y la postergación no hacen más que dificultar los cambios.

Es hora de controlar y enfrentar la realidad. Posponer la batalla, demorar lo inevitable y esperar hasta mañana nunca facilitará las cosas. Si vamos a experimentar orden en nuestras vidas caóticas, es necesario que reconozcamos el desorden; es necesario que admitamos que las cosas se están saliendo fuera de su control. Es necesario que tomemos acción en cuanto a esto.

8 En las cinco sesiones siguientes consideraremos muy de cerca cinco aspectos específicos en los que quizás necesites controlar tu vida. Toma un momento y evalúa tu vida. En el esquema que se ofrece a continuación, marca en qué lugar estás situado ahora mismo en cada uno de esos aspectos:

Mi agenda

Fuera de control   Poco control en   Buen control en
                             este aspecto   este aspecto

1   2   3   4   5   6   7   8   9   10

Mi salud física

Fuera de control   Poco control en   Buen control en
                             este aspecto   este aspecto

1   2   3   4   5   6   7   8   9   10

Mis finanzas personales

Fuera de control   Poco control en   Buen control en
                             este aspecto   este aspecto

1   2   3   4   5   6   7   8   9   10

SESIÓN 1: EL CONTROL DE TU VIDA

Mi crecimiento espiritual

Fuera de control   Poco control en   Buen control en
                        este aspecto   este aspecto

|—————|————|————|————|————|————|————|————|————|
1   2   3   4   5   6   7   8   9   10

Mis relaciones sociales

Fuera de control   Poco control en   Buen control en
                        este aspecto   este aspecto

|—————|————|————|————|————|————|————|————|————|
1   2   3   4   5   6   7   8   9   10

Identifica un aspecto de tu vida por el cual los miembros de tu grupo pequeño pueden comenzar a orar para que crezcas en ese sentido y llegues a controlarlo en las próximas semanas.

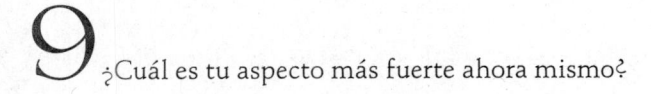

9 ¿Cuál es tu aspecto más fuerte ahora mismo?

¿Cómo pueden los miembros de tu grupo pequeño ayudarte a celebrar la fortaleza que estás experimentando en ese aspecto de tu vida?

SITÚATE EN EL CUADRO

Inventario del tiempo

Toma tiempo la próxima semana para hacer una evaluación sobre cuánto tiempo empleas en realizar las actividades siguientes:

Actividad: *Cantidad de tiempo*

- El trabajo y actividades relacionadas con el mismo _____
- Entretenimiento y actividades recreativas _____
- Mirar la televisión _____
- Hacer ejercicios y desarrollar la salud física _____
- Reunirte con tus amistades _____
- Estar con tu cónyuge (si eres casado) _____
- Estar con tus hijos (si los tienes) _____
- Leer la Biblia y orar _____
- Adorar junto con otros seguidores de Cristo _____
- Otras actividades que realizas: _____

Lista de asuntos de control personal

Cuando nos detenemos lo suficiente para en realidad contemplar nuestras vidas, el caos puede parecernos abrumador. Hay tantas cosas desequilibradas que no hallamos por dónde empezar. Toma tiempo la semana siguiente para identificar dos —o a lo sumo tres— aspectos de tu vida en los cuales deseas en realidad ejercer control. Escríbelos a continuación:

Aspectos en los cuales quiero ejercer control:

- _____
- _____
- _____

Comienza a orar pidiéndole a Dios que te ayude a considerar con sinceridad cada uno de estos aspectos, y que te dé fortaleza para comenzar a recuperar el control sobre cada uno de ellos.

SESIÓN 2 — TOMA CONTROL DE TU VIDA

El control de tu horario

Reflexiones de la Sesión 1

1. Si realizaste un inventario de tu tiempo personal, ¿qué ideas obtuviste sobre ti mismo y sobre cómo ordenar tu vida?
2. Si formulaste una lista de «Aspectos que quieres controlar» y metas relacionadas con la misma, ¿qué estás haciendo para controlar algunos de esos aspectos que se hallan en esa lista?

EL GRAN PANORAMA

Con el correr de los años se han escrito numerosos libros sobre cómo hacer algo en «un minuto». Libros como *El administrador de un minuto* fueron los que iniciaron todo esto al ofrecer algunos principios útiles sobre la administración de negocios. En un mundo como este, tan ocupado y lleno de agendas locas, ese libro voló de los estantes de las librerías. ¿Quién no quisiera administrar su vida en un minuto?

Otro de los libros que le siguieron fue *El amante de un minuto*, que yo no me molesté en leer porque sospecho de quienes creen que el amor se puede conseguir en sesenta segundos. También están *El padre de un minuto* y *La madre de un minuto*. ¿Lo puedes creer? ¡Tan solo un minuto para esmerarse en la crianza de los hijos! Eso parece bastante increíble, ¿verdad?

Hace algunos años, cuando esos libros se vendían como pan caliente, leí un artículo llamado *El cristiano de un minuto*. El autor, Greg Contelmo, escribió con ironía sobre lo que un libro de «un minuto» reflejaría para la vida del cristiano. Podría haber un capítulo titulado «El pecado de un minuto». Desde ahora en adelante todo pecado, ya sea de palabra o de acción, nunca debe prolongarse más de sesenta segundos. Y el próximo capítulo sería «La confesión de treinta segundos». Si tu pecado solo tardó un minuto en cometerse, la confesión no debe tardarse más de medio minuto. Luego el próximo capítulo se llamaría «El arrepentimiento de un minuto». ¿Puedes ver cuán bueno y ordenado se vería todo esto? Si cometiste el pecado de un minuto, podrías tomarte un minuto para evaluar lo que hiciste, cómo esto afectó a Dios, a otros y a ti mismo. Luego emplea unos segundos para reflexionar en las consecuencias temporales y eternas. Y, por último, podrías realizar una estrategia acerca de cómo dar pasos realistas para evitar que tu pecado de un minuto se vuelva a repetir.

¿Ves la belleza de todo esto? El proceso completo dura menos de tres minutos. Al seguir estos pasos sencillos, en un lapso de 180 segundos, habrás experimentado la agonía de la depravación, la limpieza de la confesión y el gozo de la restauración. ¿No sería maravilloso?

Si la gente disfrutara la simplicidad y la conveniencia de estos capítulos, pudieran seguir leyendo y aprendiendo sobre «Las devociones de un minuto», «Las oraciones de un minuto», «La confraternidad de un minuto», «La paciencia de un minuto» y así podría seguir y seguir la lista de los capítulos. Al usar los nuevos principios dinámicos que ofrece ese libro, vivir la vida cristiana solo tomaría diez minutos al día.

UNA AMPLIA PERSPECTIVA DE TU MUNDO

1 Los libros de «un minuto» han sido muy populares. ¿Por qué crees que tantas personas sienten atracción por ese sistema de vida?

¿Qué tiene de malo el método de «un minuto» para la vida cristiana que se describió con anterioridad?

SESIÓN 2: EL CONTROL DE TU HORARIO

UN RETRATO BÍBLICO

Lee Eclesiastés 3:1-13 y Efesios 5:15-20

2 ¿Qué aprendes sobre el tiempo y el horario que se describen en Eclesiastés 3:1-13?

3 El apóstol Pablo manifiesta gran sabiduría en Efesios 5:15-20 refiriéndose a la forma en que usamos nuestro precioso recurso del tiempo. ¿Cómo debemos usar nuestro tiempo?

¿Cómo no debemos usar nuestro tiempo?

Resume el mensaje que da Pablo en este pasaje con tus propias palabras. En síntesis, ¿qué está tratando de comunicar?

TOMA CONTROL DE TU VIDA

DEFINIR EL ENFOQUE

Lee la Instantánea «Una vida desequilibrada»

Una vida desequilibrada

Muchas personas necesitan ser sinceras y admitir que hay algunos segmentos de sus vidas que se hallan fuera de balance. Están empleando mucho tiempo en cosas que no importan ¡y muy poco tiempo en las cosas que tienen la mayor importancia! En la comunidad donde ministro, una gran cantidad de personas dedican demasiado tiempo en búsquedas vocacionales. Algunas personas invierten un tiempo excesivo buscando actividades recreativas. Otros están tan enfrascados en su avance personal que no tienen tiempo para la familia, las amistades ni su vida espiritual. E incluso otras se comprometen tanto con las actividades de la iglesia que están fuera de balance y necesitan dar un paso hacia atrás en algunos de sus compromisos de servicio. Si tu vida está desequilibrada, es tiempo de sincerarte y comenzar a controlar tu agenda.

4 ¿A qué aspecto de tu vida estás dedicando mucho tiempo? (Puede ser que quieras volver a referirte a la sección uno, pregunta cinco).

¿Qué hace falta que suceda para que reduzcas tiempo en ese aspecto?

5 ¿En qué aspecto te estás descuidando?

SESIÓN 2: EL CONTROL DE TU HORARIO

¿Qué debe suceder para desarrollar esta área?

Lee la Instantánea «Una vida equilibrada»

Una vida equilibrada

También hay personas que dejan de estar fuera de control, logrando así el equilibrio y control de sus agendas. Están cansados de estar desequilibradas. Sintieron el poder del Espíritu Santo infundiéndose en sus vidas para controlarse y están obrando diligentemente durante un tiempo para equilibrar su vida.

Esas personas descubrieron que Dios está muy interesado en cada faceta de sus vidas. Él diseñó a los seres humanos para que fueran criaturas de labor. Le interesa que las personas se comprometan a lograr éxito en los negocios, pero intenta que esto se desarrolle como una profesión y no como una obsesión. También está interesado en las actividades recreativas de nuestra vida. Incluso el propio Jesús dejó a los enfermos y doloridos para subir a la montaña a descansar, y así renovarse y abastecerse de los recursos necesarios para poder continuar. Tanto en el ámbito de las familias como en el de las amistades, necesitamos invertir el tiempo que se requiere para desarrollar relaciones profundas y saludables. Además de todo esto, Dios también está interesado en nuestras vidas espirituales, manteniéndonos consagrados a la adoración colectiva así como también en que separemos un tiempo cada día para estar en comunión con él.

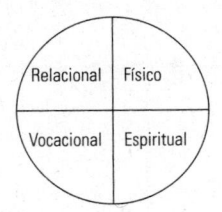

Relacional	Físico
Vocacional	Espiritual

6 Contempla el esquema que se muestra más arriba como modelo de una vida que muestra un balance entre los aspectos: relacionales, físicos, vocacionales y espirituales. ¿Cuáles son las ventajas de vivir una vida balanceada?

7 El cuadro que se ilustra más arriba parece muy balanceado y positivo. ¿Puedes ver algún problema en esto?

Lee la Instantánea «Una vida que sobrepasa el equilibrio»

Una vida que sobrepasa el equilibrio

Dibuja un esquema redondo con sus diferentes secciones. La diferencia es que este esquema tiene una cruz en su centro. Este cuadro capta un paso muy significativo en la vida del seguidor de Cristo. En lugar de añadírsele la dimensión espiritual como una actividad más para balancearla junto a las del trabajo, la familia y las actividades recreativas, esta se convierte en el centro de cada faceta de la vida.

La Biblia enseña que nuestra relación con Jesucristo necesita estar en el centro de nuestra vida. Jesús es la prioridad máxima o más importante. Cuando esto ocurre, piensas acerca de él durante todo el día. Oras y hablas con él a la hora de almorzar, entre conversaciones con la gente y mientras manejas por el camino. Comienzas a pensar con espontaneidad cómo puedes agradarle y honrarle. Sientes su presencia durante todo el día, y cuando pasas por tiempos en los que no sientes su presencia, dices: «Oh Señor, lo siento. He pasado un gran tiempo de este día y no te dirigí ni un solo pensamiento. Comencemos aquí y ayúdame a sintonizarme con tu presencia más de cerca». Cuando Cristo deja de ser tan solo una parte de tu vida para convertirse en el centro de tu ser, comenzará a influir sobre cada uno de tus pensamientos, conversación, decisión y cada actividad de tu vida.

8 ¿Cómo te sientes durante esos momentos en que estás en comunión con Dios en medio de todas las ocupaciones del día?

¿Qué te ayuda a mantenerte en sintonía con la presencia de Dios en medio de todos los trajines diarios?

9 Señala cuál es una de esas actividades que realizas para mantener a Dios en el centro de *uno* de estos aspectos de tu vida:

- Tu vida familiar
- Tus amistades
- Tu vocación
- Tu tiempo libre
- Algún otro aspecto

10 Señala qué es aquello que necesitas comenzar a hacer para ayudarte a mantener a Dios en el centro en uno de estos aspectos de tu vida:

- Tu vida familiar
- Tus amistades
- Tu vocación
- Tu tiempo libre
- Algún otro aspecto

SITÚATE EN EL CUADRO

CRISTO EN EL CENTRO

Si has identificado algún aspecto de tu vida en el que es necesario que Cristo esté colocado en el centro, comprométete a hacer todo cuanto puedas para que llegue a ocupar el lugar central en ese aspecto de tu vida. Primero ora para que Dios abra esa parte de tu vida a su presencia y para que el Espíritu Santo rompa con cualquier resistencia que puedas tener para rendir ese aspecto y ponerlo bajo su control. Segundo, establece algunas metas específicas que coloquen a Dios en el centro de ese aspecto de tu vida (cuanto más específicas, mejor). Y, por último, busca un amigo que esté consagrado a seguir a Cristo. Pídele a esa persona que ore por ti y que sea aquella a quien puedas rendir cuentas. Invita a esa persona a preguntarte semanalmente cómo te va en ese aspecto.

SACA EL MAYOR PARTIDO DE TU TIEMPO

Toma tiempo para leer Efesios 5:15-16:

> Así que tengan cuidado de su manera de vivir. No vivan como necios sino como sabios, aprovechando al máximo cada momento oportuno, porque los días son malos.

Ora para que Dios te dé un sentido más profundo de cómo usar tu tiempo con sabiduría. También ora pidiéndole que te dé ojos para ver cuándo estás empleando tu tiempo en cosas que no tienen importancia para el reino.

Sesión 3 — TOMA CONTROL DE TU VIDA

El control de tu cuerpo

Reflexiones de la Sesión 2

1. Si has estado tratando de colocar a Cristo en el centro de algún aspecto específico de tu agenda, ¿cómo estás experimentando un mayor sentido de su presencia en ese aspecto de tu vida?
2. Si tomaste tiempo para memorizar Efesios 5:15-16, ¿desearías recitar esa cita en el grupo? ¿De qué manera la verdad de ese pasaje te ha motivado a usar mejor tu tiempo?

EL GRAN PANORAMA

En ocasiones, la mayoría de nosotros tomamos tiempo para establecer metas personales. El principio de un año nuevo es un tiempo natural para hacer resoluciones personales, pero cualquier tiempo es bueno para evaluar con sinceridad nuestras vidas y establecer metas. Cuando hacemos una lista de metas personales, casi siempre estas incluyen alguna mención de algo que tenemos que hacer con respecto a nuestros cuerpos.

- Dar clases nocturnas para llegar a obtener mi título universitario
- Esforzarme por no levantarle la voz a los niños
- Hacer ejercicios al menos tres veces a la semana
- Rebajar diez libras de peso
- Comenzar a leer la Biblia de modo regular
- Ofrecerme como voluntario en algún ministerio de la iglesia
- Salir con mi esposa cada semana
- Leer al menos un libro cada mes
- Dejar de fumar
- Correr cuatro veces a la semana
- Estar listo para dormir a las 11:00 p.m.

En realidad, la mayoría de nosotros sí nos preocupamos por nuestro cuerpo. Nos preocupamos por la forma en que estos se ven, funcionan y se mantienen. Sin embargo, me atrevería a decir que pocos de nosotros comprendemos cuánto *Dios* cuida de nuestros cuerpos. Al parecer, con frecuencia escuchamos tanto sobre el valor que Dios le da a nuestras almas que nos olvidamos de cuánto también se interesa en nuestro ser físico.

UNA AMPLIA PERSPECTIVA DE TU MUNDO

1 Menciona una meta que te hayas propuesto y que mantengas concerniente a la salud física. ¿Cómo ha mejorado ese compromiso tu calidad de vida?

¿Cuál es una que no has guardado, y cómo te ha pesado eso?

UN RETRATO BÍBLICO

Lee Romanos 12:1-2; 1 Corintios 6:19-20

2 ¿Qué significa «ofrecer nuestros cuerpos como sacrificio vivo»?

SESIÓN 3: EL CONTROL DE TU CUERPO

¿Cómo constituye esto una muestra de nuestra adoración?

3 La cita de 1 Corintios 6:19-20 dice que el Espíritu Santo de Dios en realidad vive dentro de cada seguidor de Cristo. El apóstol Pablo nos recuerda el precio que Dios pagó por nosotros (la sangre de Jesús). Pablo, al tener esto presente, nos dice que «honremos a Dios con nuestros cuerpos». ¿Qué ejemplos muestran la honra que damos a Dios con nuestros cuerpos?

¿Cuáles ejemplos muestran la deshonra que le damos a Dios con nuestros cuerpos?

DEFINIR EL ENFOQUE

Lee la Instantánea «Dios se interesa en tu cuerpo»

Dios se interesa en tu cuerpo

Dios está más interesado en nuestra salud y tu condición física que nosotros. ¡Nuestros cuerpos físicos son importantes para él! A través de toda la Biblia él ha demostrado una y otra vez que se preocupa por nuestros cuerpos físicos.

1. En Génesis, Dios moldea nuestros cuerpos sacados del polvo de la tierra y sopla dentro de ellos. Todo el resto de la creación surgió por la expresión de su palabra, pero ¡nosotros somos hechura de sus manos! (Génesis 2:7).
2. Jesús enseñó que Dios provee para nuestras necesidades físicas. Él alimenta las aves y viste las flores. ¿Cuánto más no proveerá para nosotros? (Mateo 6:25-30).
3. Jesús demostró el valor de los cuerpos humanos tomando uno para sí mismo. Supo lo que significa tener frío, hambre y lo que significaba sufrir dolor. También sintió el abrazo de un amigo, la luz del sol reflejarse sobre su rostro y el buen sabor de una comida. Dios decidió que su Hijo viniera a nosotros en forma humana (Filipenses 2:6-8).
4. El Espíritu Santo de Dios habita dentro de cada seguidor de Cristo. ¿De qué otra forma mejor pudo darle dignidad a nuestros cuerpos físicos? (1 Corintios 3:16-17).
5. Dios demuestra su interés en nuestros cuerpos prometiendo levantarlos de los muertos al final de los tiempos (1 Corintios 15:42-44; Apocalipsis 20:5-6).

Dios muestra la profundidad de su interés por nuestros cuerpos físicos desde el Génesis hasta el Apocalipsis. ¿No crees que nosotros también debemos tomar parte en ese interés?

---

4 Una manera en que Dios muestra su interés por nuestro cuerpo es proveyendo para nuestras necesidades. Completa esta declaración: Dios ha provisto para mi bienestar físico haciendo esto: …

SESIÓN 3: EL CONTROL DE TU CUERPO

5 Si tu cuerpo es templo (habitación) del Espíritu Santo, entonces ¡Dios siempre está contigo! Si él estuviera caminando físicamente contigo durante la próxima semana, ¿qué sería una cosa que cambiarías?

En la realidad, Dios estará contigo cada momento de la semana siguiente (su Espíritu vive en cada uno de sus seguidores). ¿Por qué esto no nos motiva de la misma forma en que su presencia física lo haría?

Lee la Instantánea «Qué pones dentro de tu cuerpo»

Qué pones dentro de tu cuerpo

Hace algunos años yo acostumbraba a dar carreras en motocicleta con algunos individuos del personal de nuestra iglesia. Íbamos todos los sábados a la pista. Era asombroso observar a todos esos tipos llegar en sus camionetas maltratadas y sus remolques destartalados. Cuando llegaba el momento de llenar el tanque de combustible de esas motocicletas, esos mecánicos se volvían químicos. Sacaban un poquito de cada combustible de alto octanaje y luego obtenían un poco de los mejores aceites sintéticos que había en el mercado y lo mezclaban todo bien. Luego agarraban un pañuelo, lo ponían encima del tanque y lo mezclaban con cuidado. Eran meticulosos en cuanto a lo que le echaban al tanque, querían que sus motos tuvieran el mejor rendimiento. Y todo ese cuidado se invertía en una motocicleta que no valía más de mil dólares.

Ahora piensa en el «combustible» que le echamos a estos cuerpos inestimables que Dios nos ha dado. Considera lo que le echamos al tanque de nuestro cuerpo. Estamos hechos por la mano de Dios, él nos sustenta con su mano proveedora, nos llena del Espíritu Santo y nos ha dado la promesa de una resurrección corporal. A sabiendas de todo eso, ¿cómo podemos continuar poniendo todo tipo de basura en nuestros cuerpos e ingenuamente esperar que esto no afecte su rendimiento?

6 Si compararas tu cuerpo con un motor de alta potencia, ¿cómo describirías el combustible que le estás echando?

¿Qué es necesario que suceda en tu vida y en tus hábitos de comer para que mejore la calidad del combustible que estás echando en tu cuerpo?

Lee la Instantánea «Cómo mantienes en forma tu cuerpo»

Cómo mantienes en forma tu cuerpo

Los beneficios de tener el cuerpo en forma son demasiados para enumerarlos: niveles de energía más altos, mejor autoestima, mayor resistencia a los resfriados y el control del apetito son solo unos cuantos de ellos. Los médicos y muchas otras personas encomian los efectos del ejercicio regular del cuerpo humano. Hace algunos años leí un artículo que escribió el doctor Malcolm Cruthers titulado *La sanidad emocional del ejercicio de correr*. En ese artículo Cruthers comunica su creencia de que la mayoría de las personas podrían eliminar sus melancolías y luchar contra la depresión con una sencilla sesión de ejercicios de diez minutos tres veces a la semana. Continúa diciendo que el ejercicio *duplica* el nivel de una hormona en particular del cuerpo que surte un efecto a largo plazo para destruir la depresión. Con todos los informes, los estudios y consejos que llegan a la misma conclusión, ¿por qué nos cuesta trabajo poner nuestros cuerpos en forma con regularidad?

7 ¿Qué te impide desarrollar hábitos de hacer ejercicios para poner en forma tu cuerpo?

SESIÓN 3: EL CONTROL DE TU CUERPO

¿Qué pueden hacer los miembros de tu grupo para ayudarte a desarrollar buenos hábitos en este aspecto?

Lee la Instantánea «Cómo usas tu cuerpo»

Cómo usas tu cuerpo

Puedes glorificar a Dios con tu cuerpo de acuerdo al uso que le des. Si Mr. Universo no desea ser un instrumento en las manos de Dios, se convierte en un trágico desperdicio de cuerpo humano. Todos los años empleados en mantenerse en forma, los buenos hábitos de comida e intensificar los músculos no le traen ningún beneficio si su cuerpo no está disponible para que Dios lo use y así llevar a cabo sus propósitos. Como puedes ver, si todo lo que deseas es ser sensual, si todo lo que deseas es ser más macho o llamar la atención a tu persona, no lo has entendido. Necesitas cuidar lo que pones dentro de tu cuerpo y esforzarte para ponerlo en forma con el fin de llegar a ser un instrumento en las manos de Dios. Cuando estés en buenas condiciones —luego de descansar bien, comer comidas saludables y no ingerir substancias tóxicas—, podrás llegar a ser un siervo más energético para Dios. Tendrás la fortaleza y la salud para servirle con más plenitud.

---

8 ¿De qué manera usas tus habilidades físicas para servir a Dios?

¿Cómo una mejor salud y un nivel de más alta energía te ayudan en este aspecto del servicio?

9 ¿Qué meta te impondrás como respuesta al mensaje de esta sesión?

¿A quién le pedirás orar por ti y serte útil para pedirte cuentas en el desarrollo de esta nueva meta?

SITÚATE EN EL CUADRO

Una oración de confesión

Si has luchado por mantener el control de tu cuerpo y tu condición física, toma tiempo para decir esta oración:

Padre, perdóname. Perdóname por toda la «basura» que he puesto en mi «tanque». Perdóname por la forma en que me he quejado de mis problemas de salud, por la falta de energía y por mis achaques y dolores cuando muchas veces estas cosas son el resultado de lo que decido poner en mi cuerpo. Perdóname por no guardar mi cuerpo como debe ser. Mi cuerpo es templo de tu Espíritu; debo tratarlo con dignidad. Perdóname por no tener la motivación correcta. Perdóname por no ofrecer mi cuerpo como un sacrificio vivo para ti.

Tú dices que si confieso mis pecados, eres fiel para perdonarme y limpiarme. Este es un nuevo día. Permite que yo pueda experimentar un nuevo comienzo al dedicarme a glorificarte con mi cuerpo. Te pertenezco, por dentro y por fuera. Tú te interesas por mi espíritu y mi cuerpo. Enséñame a vivir de un modo que te glorifique. Amén.

Mi cuerpo, el templo de Dios

Toma tiempo para memorizar estos dos pasajes de 1 Corintios:

> ¿No saben que ustedes son templo de Dios y que el Espíritu de Dios habita en ustedes? Si alguno destruye el templo de Dios, él mismo será destruido por Dios; porque el templo de Dios es sagrado, y ustedes son ese templo.
>
> *1 Corintios 3:16-17*

> ¿Acaso no saben que su cuerpo es templo del Espíritu Santo, quien está en ustedes y al que han recibido de parte de Dios? Ustedes no son sus propios dueños; fueron comprados por un precio. Por tanto, honren con su cuerpo a Dios.
>
> *1 Corintios 6:19-20*

SESIÓN 4   TOMA CONTROL DE TU VIDA

El control de tus finanzas

Reflexiones de la Sesión 3

1. Si la semana pasada dedicaste tiempo para confesarle a Dios que estuviste poniendo combustible malo en tu tanque físico o te has descuidado de poner en forma tu cuerpo, ¿cómo esa confesión te ha dotado de poder para comenzar a cambiar algunos de esos hábitos?
2. Si memorizaste 1 Corintios 3:16-17 o 1 Corintios 6:19-20, ¿recitarías alguno de esos pasajes ante tu grupo? ¿Cómo la verdad y la convicción de estos pasajes afectan la forma en que cuidas de tu cuerpo?

EL GRAN PANORAMA

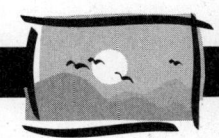

Vamos a la escuela para aprender cómo ganarlo, trabajamos de cuarenta a sesenta horas a la semana para obtenerlo, dedicamos las noches del viernes y el sábado para gastarlo de modo creativo, nos sentimos atrapados durante un incontable número de horas preocupándonos por si no nos alcanza, soñamos cómo obtener aun más de él, nos preguntamos qué haríamos si nos encontráramos con mucha cantidad del mismo. Las discusiones sobre cómo administrarlo es una de las mayores causas de divorcio, el desespero sobre su mala administración ha contribuido de modo significativo al índice de suicidios, el amor por este es causa de muchos crímenes en la sociedad, su ausencia crea algunos de las mayores pesadillas en la sociedad. Llámalo la raíz de todos los males, llámalo el medio del supremo bien. Pero hay algo que no puedes hacer: no puedes hacerle caso omiso. ¿Qué es? La respuesta es obvia: ¡el DINERO!

El dinero es un tema muy sensible para muchas personas. Cuando surge el tópico de las finanzas personales, aumenta la tensión. No importa qué apariencias externas lo podrían indicar, lo cierto es que este es un asunto muy álgido para muchas personas. Algunos que leen estas palabras apenas cubren sus necesidades con el dinero que tienen. Se están esforzando mucho, pero parecen estar hundiéndose poco a poco en un mar de deudas. Esto crea tremendas cargas de ansiedad. Otros han experimentado el dolor de la ruina financiera. Tan solo hablar de dinero y finanzas es como echar sal en una herida abierta. Otros podrían tener una buena entrada económica, pero se excedieron más de la cuenta y están sintiendo la estrechez financiera. Y quizás hayan algunos que lo tienen todo en este aspecto y obtienen más entradas de la que necesitan. Lo más probable es que esas personas se percaten de que el dinero no garantiza la felicidad. La verdad es que desde un espectro general, el dinero puede ser un tema de verdadera tensión y lucha.

UNA AMPLIA PERSPECTIVA DE TU MUNDO

1 ¿Cómo has experimentado tensión en tu vida por causa del dinero?

¿Qué gozo has experimentado por causa del dinero?

SESIÓN 4: EL CONTROL DE TUS FINANZAS

UN RETRATO BÍBLICO

Lee 1 Timoteo 6:6-10; Proverbios 30:8-9; Hebreos 13:5

2 ¿Cuáles son algunas de las posibles consecuencias que sufren las personas a quienes les consume el amor al dinero?

3 ¿Cómo debe el seguidor de Cristo considerar al dinero y las finanzas personales?

TOMA CONTROL DE TU VIDA

DEFINIR EL ENFOQUE

Lee la Instantánea «¡Ten cuidado con la "mentira permisible"!»

¡Ten cuidado con la «mentira permisible!»

Una de las amenazas mortales a nuestras finanzas personales lo constituyen los anuncios engañosos. Piensa en esto, hay miles de profesionales brillantes, bien entrenados y bien pagados que están tratando de hallar la forma de motivarte para comprar sus productos. Esos profesionales están compitiendo contra otros anunciantes que a su vez están tratando de que compres sus productos. La competencia es feroz, los riesgos son altos. Y con el correr de los años, la batalla parece ser cada vez más sucia, las tácticas y las técnicas cada vez más bajas. Se libra una batalla con gran tesón para sacarte el dinero de tus bolsillos ¡y meterlo en la cuenta bancaria de otra persona!

En su libro titulado *La mentira permisible*, Sam Baker, quien trabajó en la industria de la propaganda durante treinta años antes de decidir dejar su profesión, expone la propaganda engañosa que producen los círculos interiores de una de las agencias de anuncios más grandes de la nación. Dice: «Casi cualquier cosa es aceptable para aumentar las ventas: la mala interpretación, el engaño y la mentira. La meta es producir una campaña de mayor venta sin perpetrar un fraude reconocible».

Para ilustrarlo, cuenta la historia que sucedió en una reunión de anunciantes de una compañía en particular. Uno de los líderes de la corporación dijo: «Nuestros mejores productos enlatados están decayendo. Necesitamos algunos anuncios nuevos y emocionantes. Colocaremos otro diseño a la etiqueta para darle una nueva apariencia. Así es que, salgan con alguna nueva campaña mejorada. Muchas promesas. Dentro de una semana muéstrennos nuevos diseños para que podamos proceder con rapidez. Alguien preguntó: «¿Habrá algo nuevo o mejor dentro de la lata?» El cliente vociferó diciendo: «¿Qué %#?+@ clase de pregunta es esa? De haber hecho algún cambio excepto el de la etiqueta, se los hubiera dicho. A la etiqueta se le hará un nuevo diseño y el producto se verá nuevo y mejorado. De todos modos, ¿a qué bando tú perteneces?» El interrogador no permaneció mucho tiempo en ninguno de los bandos porque lo despidieron de la agencia.

4. Tomen algún tiempo como grupo para evaluar el mensaje y el nivel de honestidad de ese anuncio.

SESIÓN 4: EL CONTROL DE TUS FINANZAS

5 ¿Cuáles son algunos de los engaños comunes que tienden los anuncios?

¿Cómo puedes aprender a llegar a ser más sensible a esas mentiras y resistir su atracción magnética?

Lee la Instantánea «Lo quiero todo, y lo quiero ahora»

Lo quiero todo, y lo quiero ahora

La segunda gran amenaza a la libertad financiera es la disponibilidad del crédito. Cierta vez vi una calcomanía en el guardafangos de un carro que decía: «Lo quiero todo, y lo quiero ahora». ¿No lo explica bien? Este pequeño dicho resume la perspectiva mundial de muchas personas de hoy. Nunca antes hubo una sociedad más comprometida que hoy a la filosofía de «Vivir al día». El día de ayer pasó y puede ser que el mañana nunca llegue. Lo quiero todo y lo quiero ahora. Queremos tener comidas rápidas, servicio rápido, diplomas que se ordenen por correo, una norma de vida cómoda, computadoras que operen con mayor rapidez y todo lo que funcione a alta velocidad. Casi cualquier producto que se te ocurra es objeto de una promoción como esta: «Se ofrecen fáciles pagos mensuales». La pregunta es: ¿fáciles para quién?

En el pasado, la gente realmente tenía que cualificar para obtener tarjetas de crédito. Ahora cualquiera recibe por correo un chorro constante de ellas. Las compañías de productos de consumo les ruegan a las personas que usen sus tarjetas de crédito. Estos artefactos plásticos caníbales te pueden devorar antes de que te des cuenta que vienen. Cierta vez hablé con un caballero que me dijo: «Me encuentro hundido en problemas económicos. ¿Puedes reunirte conmigo?» Era un viejo amigo. Me senté con él y después de escucharlo hablar sobre este asunto, tuve que responderle con sinceridad: «Tienes un serio problema. No sé lo que vas a hacer». Debía el máximo en todas sus tarjetas de crédito. No podía realizar sus mínimos pagos mensuales. Hablamos sobre ciertas ideas para reducir su deuda, pero después de un par de semanas me llamó para decirme: «Ya resolví el problema». «¿Ya lo resolviste?» Él me dijo: «Sí, Visa me mandó otra tarjeta y ahora estoy recibiendo un préstamo para hacer mis pagos mensuales a las otras tarjetas». Pensó que era inteligente, pero en realidad se estaba hundiendo en un mar de deudas.

6 ¿Cuáles son los peligros del juego de las tarjetas?

¿Cómo has experimentado la fascinación seductora del crédito que se obtiene con facilidad?

7 ¿Cuáles son algunas estrategias prácticas para salir del problema del crédito?

Si estás luchando con este asunto, ¿cómo puedes rendirle cuentas a los miembros de tu grupo para evitar más problemas de crédito?

SESIÓN 4: EL CONTROL DE TUS FINANZAS

Lee la Instantánea: «Cuando los gastos se extralimitan»

Cuando los gastos se extralimitan

Todos necesitamos estar alerta en cuanto a los seductores anuncios engañosos y las trampas de los créditos que se obtienen con facilidad. Si evitamos estas dos dificultades, estaremos mucho mejor. Un tercer aspecto con en el cual la gente tropieza es la práctica de realizar presupuestos indisciplinados. La mayoría de la gente gruñe cuando escucha la palabra «presupuesto». La mención del presupuesto es tan popular ¡como alentarles a hacer una dieta!

Pero tratemos de visualizar el presupuesto desde otra perspectiva. ¿Qué sucedería si alguien desconectara el indicador del combustible de tu auto sin decírtelo? En muy poco tiempo la mayoría de las personas lo arreglaría. ¿Por qué? Porque quieren saber cuánto combustible les queda en el tanque. Tú no quieres andar manejando y de repente ¡hallar que se te acabó el combustible! El indicador de combustible es muy semejante al presupuesto, te ayuda a saber cuánto entra y cuánto sale. El presupuesto te dice si se te va a acabar o si tienes suficiente.

¿Qué hacemos la mayoría de nosotros? Manejamos nuestras finanzas personales al igual que la persona que maneja un carro sin un indicador de combustible. Pasamos de un día a otro sin un sentido de cuánto hemos gastado y luego, a mediado del mes, decimos: «¡Carambolas! Se me acabó el dinero; creo que ahora tendré que pedir prestado».

8

Completa *una* de las oraciones siguientes:

- Nunca he vivido con un presupuesto, pero desearía saber cómo hacerlo...

- He presupuestado en el pasado, pero ahora parece que no puedo ajustarme a este. Desearía que alguien me explicara...

- Vivo con una idea clara del presupuesto y he aprendido...

SITÚATE EN EL CUADRO

La libertad de presupuestar

Créeme, el presupuesto es uno de los mejores amigos que una persona pueda tener. Debes hacer un presupuesto cada año. Primero evalúa a cuánto ascenderá tu entrada. Después decide qué porción de esta irá para la obra de Dios. El ejemplo bíblico es dar el primer diez por ciento a Dios, pero algunos se sentirán guiados a dar más de esa cantidad porque han experimentado la provisión que va mucho más allá de lo que necesitan. En tercer lugar, determina cuánto irá a la cuenta de ahorros. Aunque no ganes mucho, la disciplina y el hábito de ahorrar son críticos.

Después, es importante determinar tus gastos regulares mensuales. Sé específico y realista sobre las cuentas regulares que tienes que pagar. Revisa la lista, aparta cierta cantidad de dinero para cada uno de estos y luego di: «Está bien. Ese es nuestro presupuesto para este año». Comprométete a mantener esas cantidades. Este método te ayudará a alcanzar tu libertad financiera. Ya sea que ganes $20.000 o $200.00, puedes estar más libre de lo que estás hoy si te comprometes a mantener un presupuesto y estar alerta ante cualquier anuncio engañoso u ofertas de créditos fáciles.

Toma tiempo en la próxima semana para trazar un presupuesto. Primero especifica cuánto le darás a Dios. Luego decide cuánto pondrás en tu cuenta de ahorros cada semana o cada mes. Tercero, haz una lista detallada de cada aspecto de gastos mensuales y de cuánto te permitirás gastar. Por último, lucha por mantenerte en ese presupuesto. Puede parecer una limitación, pero en realidad te trae libertad.

¿Estás listo para las verdaderas riquezas?

Con el correr de los años, el pasaje de Lucas 16:10-12 me ha retado con profundidad. Dice:

> El que es honrado en lo poco, también lo será en lo mucho; y el que no es íntegro en lo poco, tampoco lo será en lo mucho. Por eso, si ustedes no han sido honrados en el uso de las riquezas mundanas, ¿quién les confiará las verdaderas? Y si con lo ajeno no han sido honrados, ¿quién les dará a ustedes lo que les pertenece?

SESIÓN 4: EL CONTROL DE TUS FINANZAS

Como ves, la libertad financiera *no* es la meta final. No debes salir del estudio de esta reunión de pequeño grupo diciendo: «La meta de la vida es no tener deudas financieras». Lograr la libertad financiera solo debe servir para buscar los desempeños más importantes de la vida. Se nos llama a amar al Señor, nuestro Dios, con todo nuestro corazón, con todo nuestro ser y con toda nuestra mente, y a servir y amar a nuestro prójimo como a nosotros mismos.

Toma tiempo la semana siguiente para orar pidiéndole a Dios que te conduzca hacia la libertad financiera. Pídele que tu motivación sea correcta. Pídele que el descubrimiento de esta nueva libertad te permita amarle más a él y a amar y servir a los demás.

SESIÓN 5   TOMA CONTROL DE TU VIDA

El control de tu vida espiritual

Reflexiones de la Sesión 4

1. Si empezaste a presupuestar por primer vez, describe una forma en que esta nueva práctica está afectando tu vida.
2. Si estás reflexionando acerca de las metas finales para hallar la libertad financiera, ¿cómo esto te ha guiado a tener un amor más profundo por Dios y los demás?

EL GRAN PANORAMA

Cada iglesia tiene personas que asisten allí por costumbre. Han sido asistentes durante toda su vida, y este es un acto tan automático como el de respirar. Cada domingo acuden al servicio que les agrada, uno que sea cómodo, indoloro, bello e inspirador. En realidad, no se sintonizan con lo que está ocurriendo. No se aplican lo que escuchan. Pero están en la iglesia puntuales como un reloj.

También están aquellos que asisten a la iglesia y realizan sus «funciones religiosas» para callar a su cónyuge, su hijo o padre. En otras palabras, si no van se desata un conflicto tan grande, que deciden que la mejor forma de evitar esa batalla semanal es acceder a ir. Estas personas soportan la experiencia en la iglesia sencillamente para mantener la paz en la familia. Apenas pueden esperar el amén final.

Algunas personas asisten a los servicios de adoración porque de ese modo están pagando algún tipo de penitencia. Llevan la cuenta de sus decisiones inmorales, sus palabras groseras, transacciones deshonestas, actos inmorales y otros pecados, y al final de la semana dicen: «Más me vale ir a la iglesia. Tengo que pagar por lo que he hecho esta semana». Para esas personas la asistencia a la iglesia es un castigo. Luego de resistir una hora de culto, salen de allí con una pizarra limpia, lista para de nuevo enfangarse en la próxima semana.

Otros van a la iglesia para reunirse con algunas personas. Hallan un ministerio de solteros, un candente grupo de jóvenes o un buen ambiente social y se meten allí de un salto. Algunos van para establecer relaciones de negocio. Contemplan la iglesia como otro lugar más para extender sus cadenas de negocio y desarrollar su clientela. Si se usa de modo correcto, la iglesia les puede ofrecer unas de las horas más provechosas de la semana. Hasta podrían pedir que les extendieran un recibo por sus ofrendas… ¡como un gasto de negocios!

Hay los que asisten a la iglesia porque están muy aburridos. Después de todo, ¿quién quiere ir a trabajar el domingo por la mañana? Los programas de televisión de los domingos no son tan interesantes y salir para ir a la iglesia es una manera de matar unas cuantas horas de una mañana lenta.

Pero lo cierto es que muchas personas también asisten a la iglesia porque esperan que algo durante el servicio —ya sea la lectura de las Escrituras, el ministerio de la música, los cantos, el drama o alguna parte del sermón— provoque algo nuevo en sus corazones. Tienen hambre de algún descubrimiento espiritual que les ayude a comprender más sobre Dios. Quieren aprender cómo pueden amarle más, cómo sentirse inspirados a vivir para él o cómo cambiar el curso de alguna conducta. Quieren dar un paso más en su vida cristiana.

UNA AMPLIA PERSPECTIVA DE TU MUNDO

1 ¿Cómo describirías la actitud y la motivación que sentiste cuando comenzaste a asistir a la iglesia?

¿Qué te motiva a asistir a la iglesia hoy?

SESIÓN 5: EL CONTROL DE TU VIDA ESPIRITUAL

UN RETRATO BÍBLICO

Lee Hebreos 4:14-16; 10:19-25

2 Algunos seguidores de Cristo luchan con el sentir de que Dios está enojado con ellos y no desea que entren en su presencia. ¿Cómo destruyen estos pasajes leídos este concepto erróneo?

3 ¿Qué hizo Dios para que nos acerquemos a su trono en cualquier momento, en cualquier lugar y con seguridad y confianza?

¿Por qué iría Dios tan lejos solo para relacionarse con nosotros?

DEFINIR EL ENFOQUE

Lee la Instantánea «El método militarista»

El método militarista

Un método de mejorar tu compañía, relación y diálogo con Dios es el que llamo el método «militarista». Tal vez ya sepas de qué estoy hablando. La mayoría de nosotros hemos escuchado a líderes cristianos decir: «Si alguna vez quieres mejorar tu relación con Dios, necesitas levantarte todos los días a las seis de la mañana y estar no menos de treinta minutos en comunión con Dios: quince minutos leyendo la Biblia y quince minutos en oración. Si haces esto cada día, estás bien. Levántate temprano, haz tus devociones y así ¡cubriste tus bases espirituales para el resto del día!»

4 ¿Cuáles son las ventajas que tiene este método en tu relación con Cristo?

¿Cuáles son las desventajas?

5 Responde a *una* de estas declaraciones:

- Si un seguidor de Cristo no emplea de quince a treinta minutos diarios en la Palabra de Dios, no está a la altura de las normas de Dios.
- Si no empleo los primeros quince minutos de mi día arrodillado en oración, no puedo continuar. ¡Esa es la única manera de comenzar el día! A propósito... y *tú*, ¿qué es lo primero que haces cada mañana?

SESIÓN 5: EL CONTROL DE TU VIDA ESPIRITUAL

- La clave para tener una fe cristiana verdadera y profunda es pasar diariamente unos momentos dedicados a la devoción profunda y constante, estudiando la Biblia y orando. No hay otra manera de obtener crecimiento espiritual.
- Me gusta emplear mi tiempo de devoción en la primera hora de la mañana para continuar mi día.

Lee la Instantánea «El método libertario»

El método libertario

En el lado opuesto del espectro de la devoción se encuentra lo que yo llamaré el método «libertario» para establecer una relación con Dios. Los libertarios son esos tipos de personas que procuran un crecimiento espiritual cuando sienten la necesidad. Asisten a la iglesia si se despiertan a tiempo, leen la Biblia si les place, oran si hay una necesidad urgente y apremiante. Les gusta decir: «No acostumbro ir a la iglesia, saco más provecho si me siento solo durante una hora en el terreno de un bosque». Cualquier patrón que establezca una forma, una disciplina, una agenda o un horario parece ofender el flujo libre de su espíritu. Dicen: «Estableceré mi relación con Dios según el Espíritu me mueva y cuando él quiera».

6 ¿Cuáles son algunos de los peligros que tiene este método de crecer como seguidor de Cristo?

¿Cuáles son algunas de las señales que muestra una persona que ejerce su fe con una mentalidad libertaria?

7 Explica dónde ves ese tipo de mentalidad en uno de estos aspectos:

- En la iglesia por lo general
- En tu iglesia local
- En tu propia vida

Lee la Instantánea «El método creativo-relacional»

El método creativo-relacional

Dios no quiere media hora de tu tiempo, quiere ser parte de cada momento de cada uno de tus días. Quiere que estés consciente de su presencia al levantarte, durante el transcurso del día y cuando recuestes tu cabeza sobre la almohada en la noche. Quiere estar en el centro de tu vida en el salón familiar de tu casa, en el salón administrativo, en el aula de la escuela y en el salón de lavandería. Quiere que tu vida de devoción penetre la totalidad de tu vida. Y quiere que esto sea real, no mecánico.

Piensa en esto como si fuera una relación humana. Imagínate que tomas una semana libre del trabajo y pasas cada uno de esos días con una persona. Te presentas en su casa a las siete de la mañana y desayunas con su familia. Estás manejando en su carro al trabajo, observas cómo pugna por vencer el tránsito y hallar un lugar de estacionamiento, te sientas en su oficina, escuchas sus conversaciones, conoces a sus compañeros de trabajo y le observas realizar todas sus tareas diarias. Esa noche regresas a su hogar, comen la cena y luego salen a correr por la noche. ¡Imagínate qué ocurriría a una relación si creativamente pasaran todos los días juntos!

Ahora imagínate qué ocurriría en tus relaciones con Dios si lo invitaras a ser parte de cada faceta de tu vida. Por supuesto que los cursos de estudio bíblicos son importantes. Hazlo con regularidad y Dios te enseñará grandes cosas. Por supuesto, la oración es esencial, pero no limites tu conversación con Dios a quince minutos en la mañana y unas cuantas oraciones rápidas antes de las comidas. En su lugar, habla con él durante todo el día. Que la alabanza salga de tu boca en el carro mientras manejas, en la ducha, por toda tu casa. Lee libros cristianos y escucha música cristiana. Relaciónate regularmente con otros seguidores de Cristo para animarse, edificarse e inspirarse unos a otros. Que tu relación con Dios sea creativa, dinámica y que llene cada faceta de tu vida.

SESIÓN 5: EL CONTROL DE TU VIDA ESPIRITUAL

8 ¿Cómo has experimentado una relación y comunicación franca con Dios a través del curso de tus actividades diarias?

9 ¿Qué tiende a impedirte que experimentes esa interacción creativa y dinámica con Dios en *una* de estas esferas de la vida:

- En el trabajo
- En tu hogar
- En el ambiente de la iglesia
- En tu búsqueda de actividades recreativas
- En cualquier otro aspecto de tu vida

SITÚATE EN EL CUADRO

LO QUE RECIBIMOS DE DIOS

Un ingrediente esencial en el método «creativo-relacional» de crecer es dedicar tiempo para leer y aprender de la Biblia. Comienza con un libro breve del Nuevo Testamento, como el de Santiago, Filipenses o Colosenses. Luego dirígete a una librería cristiana y compra uno que contenga un pequeño comentario. El comentario es un instrumento que te ayuda a comprender las partes difíciles de lo que estás leyendo. Lee una sección de versículos, lee lo que el comentario tiene que decir sobre esos versículos, y ora para saber cómo puedes aplicar ese pasaje a tu vida. Quizás quieras contarle a algún amigo lo que estás aprendiendo y cómo planeas vivir esa verdad. Sigue leyendo sección por sección hasta terminar todo el libro.

Luego, antes de que te lances de cabeza a leer otro libro de la Biblia, tómate unos días libres. Coloca la Biblia en el estante, busca un par de libros cristianos bien recomendados y dedica unos cuantos días a leerlos. O pídele a tu pastor que te recomiende un buen libro apropiado para el nivel en que te hallas en tu vida espiritual.

También puedes mezclar alguna memorización de versículos bíblicos. Escoge un pasaje que en realidad te llama la atención y dedícate a memorizarlo. Este podría ser tu tiempo para concentrarte en la Palabra de Dios durante unos cuantos días. Incluso, quizás quieras obtener algunos sermones grabados y escucharlos con tu Biblia abierta frente a ti.

Piensa en las dos semanas siguientes y traza un plan para hallar al menos tres modos diferentes de aprender las Escrituras. Pídele a algún amigo que ore por ti y que te sirva para rendirle cuentas mientras aprendes a ser creativo en tu relación con Dios.

En las dos semanas siguientes creceré en la Palabra de Dios a través de:

_____

_____

_____

Un lugar para la oración

¿Alguna vez has tratado de orar durante quince minutos cada mañana y hallas que tu mente vaga? La gente te dice que ores, así es que te sientas con tu lista de nombres y necesidades y comienzas a repasarlos mecánicamente. Luego de unos cuantos días esta actividad se puede tornar aburrida y rutinaria. Pero la Biblia nunca dice que las oraciones más largas son las mejores. La Biblia solo nos llama a derramar nuestros corazones ante nuestro Padre celestial. No se nos llama a elevar oraciones y alabanzas sin sentido y repetitivas. En su lugar, habla francamente con Dios. Mejora tu diálogo con él.

Al continuar hablando descubrirás que hay varias clases diferentes de oraciones. Las *oraciones en secreto* son aquellas en las que te retiras a un lugar tranquilo y dedicas el tiempo concentrado en la oración por las necesidades y cargas que llevas y también elevas tus alabanzas. Las *oraciones instantáneas* ocurren durante todo el día, cuando te hallas diciendo: «Señor, ayúda-

SESIÓN 5: EL CONTROL DE TU VIDA ESPIRITUAL

me, dame la sabiduría, ayuda a esa persona en necesidad, cuida de mis hijos, gracias por tu presencia», o cualquier otra cosa que venga a tu corazón.

También están las *oraciones escritas*. Coloca una hoja de papel frente a ti y escribe «Ayer» en la parte de arriba, «Hoy» en la parte del medio y «Mañana» cerca de la parte más baja. Una vez que escribas esto, comienza a derramarle tu corazón a Dios mediante lo que escribes. O tal vez te halles manejando solo, alzando tu voz en un coro o entonando un himno de alabanza. Deja que esas palabras se conviertan en tu oración. La clave está en comunicarte con Dios. Él se interesa por ti y quiere escuchar acerca de tus gozos y tristezas.

En tu vida de oración esta semana, trata de notar las diferentes maneras en que te comunicas con Dios. Escribe algunas de tus observaciones en el espacio a continuación:

¿Dónde estuviste cuando oraste?

- _____
- _____
- _____
- _____

¿Qué te motivó a orar?

- _____
- _____
- _____
- _____

¿Qué tipo de oraciones elevaste a Dios? Si no tienes un nombre oficial para alguna clase de oración específica, inventa una:

- _____
- _____
- _____
- _____

SESIÓN 6   TOMA CONTROL DE TU VIDA

El control de tus relaciones

Reflexiones de la Sesión 5

1. Si experimentaste la creatividad en tu estudio de la Biblia, ¿cómo esta ha inspirado vitalidad en tu vida espiritual?
2. Si tomaste nota de tu vida de oración durante la semana pasada, cuéntale a tu grupo lo que descubriste. ¿Qué tipos de oración te has sentido movido a elevar a Dios?

EL GRAN PANORAMA

Al comenzar esta sesión, recibirás una pequeña prueba que consiste en llenar los espacios en blanco. Ninguna respuesta está correcta o incorrecta; no se te calificará. Todo lo que necesitas hacer es escribir el nombre de una persona (o personas) tras cada situación hipotética que se presente. Algunas de estas situaciones hipotéticas pueden no tener aplicación en el lugar que te encuentras en la vida ahora. Pero incluso así, trata de imaginarte si estuvieras en esa circunstancia, el nombre de quien te venga a la mente.

1. Después de haber perdido tu vuelo original de conexión, por fin llegaste al aeropuerto a media noche. ¿A quién llamarías para que te recoja y te lleve a casa?

    Nombre: _____

2. Estás trabajando arduamente, tratando de hacer algo para obtener esa promoción emocionante. La promoción significa que las responsabilidades y las oportunidades aumentan y que obtendrás un mejor pago. En realidad no piensas que la vas a obtener, pero un día tu supervisor viene y te dice: «La posición es tuya». Además de llamar a tu cónyuge o a un miembro más inmediato de tu familia, ¿a quién llama-

rías para darle la buena noticia e invitarle a participar en tu gozo?

   Nombre: _____

3. Tú y tu cónyuge han estado tratando de concebir un hijo durante más de tres años. Por fin recibes de nuevo la prueba de fertilización. ¡Vas a tener un bebé! ¿Quién sería la primera persona que llamarías para darle la noticia?

   Nombre: _____

4. Las cosas no andan bien en casa. Las tensiones están altas tanto en tu trabajo como en tu matrimonio. Tu vida espiritual está tan seca como el desierto de Sahara. Necesitas hablar con alguien, confiar el secreto a alguien que se interese en este asunto y que lo mantenga confidencial. ¿A quién llamarías que sea franco contigo y quién podrá ofrecerte un buen consejo?

   Nombre: _____

5. Estás muy aburrido. Quieres llamar a alguien para que salga contigo a alguna presentación del teatro o a comer fuera. ¿A quién llamarías?

   Nombre: _____

6. Te ganaste un viaje de vacaciones a Hawaii con todos los gastos pagos. Si estás casado, puedes invitar a otra pareja que los acompañe. Si eres soltero, puedes invitar a una persona amiga. ¿A quién o quiénes invitarías?

   Nombre: _____

UNA AMPLIA PERSPECTIVA DE TU MUNDO

1 Identifica a una de las personas que has nombrado en tu prueba y di por qué escoges a esa persona.

SESIÓN 6: EL CONTROL DE TUS RELACIONES

¿Cómo cambiaría tu vida si llegara el tiempo en que ya no tuvieras más relaciones con esa persona?

UN RETRATO BÍBLICO

Lee Génesis 2:15-23; Salmo 133:1

2 ¿Qué te dice Génesis 2:15-23 sobre nuestra necesidad de mantener relaciones humanas?

3 ¿Cuáles son algunas indicaciones externas de que las personas están experimentando unidad en una relación?

¿Cuáles son algunas indicaciones de que están experimentando desunión?

DEFINIR EL ENFOQUE

Lee la Instantánea «Pongámosle fin a la soledad»

Pongámosle fin a la soledad

Una de las razones que hay para conseguir una fuerte y significativa relación es ponerle fin a la soledad. En Génesis 2:18 Dios dijo que no es bueno que el hombre esté solo. Dicho de otra manera, los seres humanos fueron creados para la comunidad. No estamos viviendo a la altura del potencial que Dios nos dio como seres humanos si tratamos de llevar vidas de llaneros solitarios. En su gracia, Dios proveyó una forma de darle fin a nuestra soledad. Nos diseñó para que llevemos relaciones profundas y auténticas —en comunidad— con otras personas. La intención es que nos comuniquemos, que demos y recibamos, que amemos y seamos amados, que sirvamos y seamos servidos.

4 Describe un tiempo en el que experimentaste la soledad

¿Cómo te han ayudado las relaciones significativas a través de ese tiempo de soledad?

SESIÓN 6: EL CONTROL DE TUS RELACIONES

Lee la Instantánea «Las relaciones significativas multiplican nuestro gozo»

> **Las relaciones significativas multiplican nuestro gozo**
>
> Una segunda razón por la que procuramos conseguir fuertes relaciones interpersonales es que el desarrollo de estas nos permite multiplicar nuestro gozo. En Lucas 15 hallamos historias sobre la oveja perdida, la moneda perdida y un hijo perdido que se fue de su hogar. En cada uno de esos casos, cuando aquello que estaba perdido se vuelve a hallar, ¡hay gran regocijo! Cuando por fin se descubre el tesoro perdido, es tiempo de llamar a los amigos y juntos celebrar. «Aquello que se perdió, ya se encontró. ¡Hagamos fiesta!»
>
> Es casi imposible experimentar gozo y no compartirlo. ¿Qué ocurre cuando una mujer joven se compromete a casarse? No puede contener el gozo que siente. Quiere compartir ese gozo con los demás. De igual manera nos sentimos como si fuéramos a explotar si no dejamos que otros sepan el gozo que podemos estar experimentando.

5 ¿Cuál es el motivo de gozo que estás experimentando en tu vida ahora mismo?

Lee la Instantánea «Las relaciones significativas dividen nuestras tristezas»

> **Las relaciones significativas dividen nuestras tristezas**
>
> La tercera razón por la que procuramos conseguir relaciones significativas es que las relaciones dividen nuestras tristezas. Eclesiastés 4:10 dice: «Si caen, el uno levanta al otro. ¡Ay del que cae y no tiene quien lo levante!» En el Antiguo Testamento la palabra «ay» señala la tragedia final. Eso era lo peor que pudiera suceder. En otras palabras, tener amigos que nos ayuden a llevar nuestras tristezas y nos levanten cuando caemos es el deseo y el plan de Dios. Enfrentar las luchas de la vida sin nadie que nos ayude es algo trágico ante los ojos de Dios.
>
> Algunas de las luchas de la vida son llevaderas porque la carga se divide y se comparte con los amigos. Pero muchos cristianos no entienden su necesidad de tener relaciones íntimas. Dicen: «La comunidad es para los débiles. Las relaciones son muletas para aquellos que no saben resolver sus problemas». O también dicen: «No quiero molestar a nadie». Luchan bajo las cargas de la vida tratando de resolverlo todo con su propio poder. Esas personas aún no han aprendido a compartir las cargas de la vida con los demás.

6 Describe un tiempo en que otros se acercaron a ti y te ayudaron a llevar la carga que estás enfrentando.

¿Qué carga estás llevando ahora mismo que los miembros de tu pequeño grupo te pueden ayudar a llevar?

Lee la Instantánea «Las relaciones significativas nos ofrecen consejo»

Las relaciones significativas nos ofrecen consejo

Una cuarta razón por la que procuramos conseguir relaciones es que estas nos ofrecen consejo y perspectiva. Proverbios 11:14 dice: «Sin dirección, la nación fracasa; el éxito depende de los muchos consejeros». Incluso las personas más sabias necesitan consejo y sabiduría de parte de otros. Con frecuencia me pregunto cuántas dificultades, magulladuras, dolores de cabeza y penas se podrían evitar si tan solo aprendiéramos a buscar consejo antes de tomar alguna decisión.

Los presidentes, los gobernadores, premieres y líderes mundiales se rodean de consejeros porque saben que sus decisiones pueden traer graves consecuencias. Están comprometidos a obtener las perspectivas de los contemporáneos a quienes respetan. Tal vez las decisiones que tenemos que tomar no impliquen dirigir las naciones, pero de todas formas son muy importantes. Necesitamos aprender la importancia de buscar el consejo de otros al tomar grandes decisiones en la vida, e incluso al tomar aquellas ¡que no parecen ser tan críticas! Procurar el consejo casi siempre nos ayuda.

---

7 Cuéntale a los miembros de tu grupo sobre alguna situación que estás enfrentando en tu vida ahora mismo en *uno* de los aspectos que se mencionan a continuación. Invítalos a ofrecerte consejo y perspectiva.

- En tu trabajo
- En tus relaciones familiares
- Con alguna amistad

SESIÓN 6: EL CONTROL DE TUS RELACIONES

- En una situación de tu ministerio
- En tu vecindad
- En alguna otra esfera de tu vida

Lee la Instantánea «Las relaciones significativas crean una ocasión para rendir cuentas»

> **Las relaciones significativas crean una ocasión para rendir cuentas**
>
> Una quinta razón por la cual procuramos conseguir relaciones es crear la posibilidad de rendir cuentas. Le hablé a un grupo de líderes cristianos sobre la importancia de la comunidad y las relaciones. Cuando terminé de hablar, uno de los hombres de la audiencia comenzó la conversación diciendo: «Quiero afirmar que lo que acabamos de escuchar sobre la comunidad y las relaciones es la Palabra de Dios». Luego continuó diciendo: «Pero yo quiero anunciarles a todos ustedes que tengo suficiente verdad sobre este tópico. Lo que necesito ahora son unos cuantos hermanos que me ayuden a aplicar esas verdades durante el resto de mi vida». Declaró: «No tengo que *aprender* más sobre este aspecto; lo que necesito es *conformarme* más. Quiero tener personas a quien rendirles cuentas y que me ayuden a practicar la verdad que acabo de escuchar».
>
> ¡Qué respuesta tan refrescante y sincera! Necesitamos consagrarnos los unos a los otros y decir: «Hazme responsable de practicar la verdad». Debemos invitar a otros a entrar en nuestras vidas y decir: «Continúa animándome. Continúa alentándome. Desafíame. Dirígeme. Corrígeme. Haz lo que tengas que hacer, porque quiero vivir la verdad de Dios… y no tan solo saberla». A esta rara y poderosa práctica se le llama rendir cuentas, y debe ser una parte central de nuestras relaciones.

8 Describe a alguien a quien le rindes cuenta y cómo esa relación te ha ayudado a crecer como seguidor de Cristo.

9. ¿Cuál es el aspecto por el cual los miembros de tu grupo pequeño pueden orar por ti, alentarte y mantenerte responsable?

SITÚATE EN EL CUADRO

Pongámosle fin a la soledad

En esta lección hemos hablado acerca de cómo las relaciones nos ayudan a darle fin a nuestra soledad. ¿Qué persona en tu vida sospechas que hoy está enfrentando algún tipo de soledad? Tal vez él o ella perdió a algún ser querido, sufrió un tiempo de enfermedad o solo está atravesando tiempos difíciles en su vida. Dale a esa persona una llamada y concierta una cita para que se reúnan. Planea una caminata, ir a comer a algún lugar juntos o visitarla una noche. Decide ayudar a poner fin a la soledad de otros.

Evaluación de la carga

Toma una hoja de papel en blanco y escribe en ella tres cargas que estás llevando ahora mismo. Pueden ser emocionales, relacionales, profesionales, físicas o de cualquier otra índole. Después que las hayas escrito, haz una lista de las personas a quienes les pediste que te ayudaran a llevar esas cargas. Si nunca antes le pediste a alguien que te ayudara a llevar una carga, piensa en algunas personas que hay en tu vida que te podrían ayudar en esto. Comprométete a comunicarte con esas personas dentro de veinticuatro horas. Cuéntales qué estás enfrentando y pídeles sus oraciones y su apoyo. Te sorprenderá ver cuántas personas tienen el entusiasmo y el deseo de ayudarte a llevar tus cargas. En algunos casos, ¡estaban esperando que se lo pidieras!

Notas para el líder

SESIÓN 1 TOMA CONTROL DE TU VIDA

El control de tu vida

Génesis 1:1-27

Introducción

A nadie le gusta estar fuera de control. Todos tenemos un deseo innato y una necesidad de tener orden en nuestras vidas. Todos deseamos controlar nuestras vidas. La pregunta es: ¿cómo?

La mayoría de nosotros procura llevar a la práctica la tradicional lista de las resoluciones de Año Nuevo y antes de terminar el mes de enero ya estamos arrepentidos. Al principio nos sentimos movidos, manipulados y motivados a hacer grandes compromisos, tan solo para observar cómo nuestras vidas continúan girando fuera de control.

Pero seguimos probando. Continuamos probando una dieta más y nos comprometemos a participar en un nuevo programa de ejercicios. Compramos un nuevo planificador y declaramos que este año dominaremos nuestra agenda en lugar de que esta nos domine a nosotros. Sacamos nuestra Biblia, compramos un diario en blanco y decimos: «Este es el año en que me voy a encontrar cara a cara con Dios». ¡No andamos con juegos! ¡Somos serios! Pero continuamos luchando.

Esta serie de estudios te ayudarán a andar a través de algunos aspectos críticos de la vida que todos queremos tener bajo control. Pero el primer paso, que es esencial, es dar una mirada sincera y rigorosa a tu vida. Será difícil controlar esos aspectos si no puedes ser sincero contigo mismo y con los miembros de tu grupo pequeño. Abre tu corazón para lo que Dios quiere hacer, sé sincero aunque te cueste dolor y anticipa grandes cosas para las semanas futuras. ¡Dios quiere ver que tú controles la vida incluso más de lo que deseas!

El gran panorama

Dedica unos momentos a leer esta introducción al grupo. Hallarás sugerencias de cómo hacerlo al principio de la sección del líder.

Una amplia perspectiva de tu mundo

Pregunta uno Todos tenemos historias que contar. Algunas serán humorísticas y otras muy serias. Invitar a los miembros del grupo a contar sus historias será una buena manera de conocer algo de su pasado, así como también escuchar cómo estos reaccionaron en ocasiones en que estaban fuera de control.

Un retrato bíblico
Lee Génesis 1:1-27

Pregunta dos Génesis enseña que Dios creó la belleza de este mundo de una nada deforme y caótica. No solo trajo orden en medio del caos, sino que el orden establecido es extraordinario. No hay más que mirar el mundo que te rodea: los colores, la vida animal, el ecosistema y los planetas girando en su órbita. La mano de un poderoso y ordenado Creador colocó todo eso en su lugar.

Incluso la sucesión de los días en Génesis y el progreso de lo que Dios hizo muestra un propósito y un orden. La naturaleza y el carácter de Dios se ven hasta en la misma creación. Él lo hizo todo y lo tiene bajo el control de sus manos. No estamos a la deriva en un mar del espacio, sino que estamos a salvo bajo el control de un Creador amoroso y poderoso.

Pregunta tres Me imagino que parte de la razón por la cual sentimos esa incomodidad cuando algo en nuestras vidas está fuera de control se debe a que fuimos creados a la imagen de un Creador ordenado. Mira la creación, la secuencia de las estaciones, la regularidad del amanecer, la simetría del cuerpo humano y el movimiento de los cuerpos celestes. Sin duda alguna Dios es un Creador ordenado.

Estamos hechos conforme a la imagen de un Creador ordenado, y se nos llama a vivir vidas bien ordenadas. Dios nos ha dado pautas y leyes que nos ayuden a ordenar nuestras vidas. Él nunca tuvo la intención de que viviéramos en un caos; sabía que nunca disfrutaríamos la vida si estuviéramos girando fuera de control.

Nunca nos mandó a vivir dentro de camisas de fuerza o de un modo legalista y regimentado. Más bien quiere que vivamos con cierto tipo de balance y orden. Si el carácter de Dios es uno de orden y fuimos creados a su imagen, entonces hallaremos el más alto nivel de realización en la vida cuando reflejemos el carácter de un Creador ordenado.

Definir el enfoque

Lee la Instantánea «Una hojeada sincera de tu vida» antes de la Pregunta 4

Pregunta cuatro Se dan tres gráficas circulares como ejemplo. Cada una nos da una perspectiva de lo que sería la vida de una persona.

Tomen tiempo como grupo para desentrañar algunas de las implicaciones que representa cada una de ellas.

Pregunta cinco Ahora nos estamos dirigiendo de lo abstracto a lo concreto. Dejemos de hablar de una persona hipotética en una gráfica circular y demos una buena mirada a nuestra imagen frente al espejo. Este es un tópico delicado. Muchas personas emplean una gran cantidad de tiempo y energía asegurándose de que nadie (ni siquiera ellos mismos) vea el cuadro que están a punto de dibujar.

Entra a esta porción de estudio en oración y con una gran sensibilidad. Para algunos, este tipo de examen y revelación personal puede parecer fácil. Sin embargo, para otros tal vez haya cierta resistencia y temor. Quizás quieran hacer un alto como grupo para hacer una breve oración. Pídanle a Dios que le conceda valor a cada miembro del grupo al reflexionar sobre sus vidas.

Preguntas seis y siete Comienza con lo positivo. Celebra los aspectos en que los miembros del grupo están experimentando control. Alégrate de que ellos controlen esos aspectos de su vida. Luego reflexionen en los aspectos que desean controlar. No hables acerca de esos aspectos como un fracaso, sino reálzalos como aspectos que desean profundamente controlar.

Lee la Instantánea «Es tiempo de ejercer control» antes de la Pregunta 8

Preguntas ocho y nueve Ahora vamos a volvernos muy específicos. En el resto de este estudio habrá cinco aspectos de enfoque primordiales. Toma un tiempo para hacer reflexiones personales sobre cada uno de ellos. Concede algunos minutos para que los miembros del grupo oren en silencio, piensen en esto y marquen dónde se ven a sí mismos en cada uno de los cinco aspectos. Cuando vuelvan a reunirse, no se enfocarán en una revelación completa de cada aspecto; sencillamente invita a los miembros del grupo a dar a conocer un aspecto por el cual desean que los demás oren. Esto conformará una gran lista de oración para las siguientes semanas, así como también proveerá un motivo de oración para clausurar la reunión del grupo.

Además, anima a los miembros del grupo a celebrar algún aspecto en el que sean fuertes. La historia de una persona que controle algún aspecto en particular puede servir para inspirar a los otros miembros del grupo que necesitan creer que Dios puede ayudarlos a ejercer el control en ese aspecto de sus vidas.

Sitúate en el cuadro

Explica a los miembros del grupo que al comenzar la próxima reunión les concederás tiempo para comentar cómo pusieron su fe en acción. Permite que cuenten sus historias. Sin embargo, no limites su interacción a las dos opciones que se proveen. Tal vez ellos, como resultado de tu estudio, se hayan situado en el cuadro de otras maneras. Permite una comunicación honesta y abierta.

Además, deja claro que no habrá ningún tipo de «examen» ni informes forzados. Todo lo que vas a hacer es dedicar un tiempo para que voluntariamente la gente hable acerca de cómo ellos aplicaron lo que aprendieron en su último estudio. Algunos miembros del grupo sentirán presión si creen que vas a hacer que cada uno traiga un «informe». Tú no querrás que alguien deje de venir a la próxima reunión del grupo porque tema tener que decir que no hizo lo que aprendieron en la sesión anterior. Concéntrate mejor en proveer un lugar para la comunicación honesta sin crear presión ni el temor de ser avergonzado.

Todas las sesiones desde este punto en adelante comenzarán con un repaso a la sección «Sitúate en el cuadro» de la sesión previa.

SESIÓN 2   TOMA CONTROL DE TU VIDA

EL CONTROL DE TU HORARIO
ECLESIASTÉS 3:1-13; EFESIOS 5:15-20

INTRODUCCIÓN
Tratar de dominar una agenda en medio de nuestro mundo loco y ocupado de hoy parece ser una tarea imposible. La presión de moverse más rápido, de producir más y de lograr mayores cosas nunca parece disminuir. En la carretera de la vida, si no mantienes el paso, ¡te pasan por encima!

En medio de esta sociedad de pasos patológicos rápidos, Dios nos llama a controlar nuestra agenda. Se nos llama a salir desde un lugar de desequilibrio a un lugar donde Dios tiene el control de cada aspecto de nuestras vidas. Esto no solo es posible, sino que es lo que se espera de cada uno de sus seguidores.

EL GRAN PANORAMA
Dedica unos momentos a leer esta introducción al grupo. Hallarás sugerencias de cómo hacerlo al principio de la sección del líder.

UNA AMPLIA PERSPECTIVA DE TU MUNDO
Pregunta uno Contelmo escribe su artículo de modo chistoso. Nunca estableceremos una relación con Dios en diez minutos al día. No se puede hacer. Nos gustaría pensar que podemos establecer una relación con Dios de la misma forma que recogemos una hamburguesa en la carrilera de carros que pasan por un restaurante Mc Donald's. Pero el desarrollo de una profunda relación con Dios requiere energía, concentración, devoción, asistencia regular a la iglesia, estudio bíblico, reunión de pequeños grupos, oración, confesión y un desarrollo espiritual de por vida. No hay tal cosa como un cristianismo de microondas.

Un retrato bíblico
Lee Eclesiastés 3:1-13; Efesios 5:15-20

Pregunta dos En Eclesiastés dice que hay tiempo para todo. Esto significa que se nos dio la asombrosa tarea de discernir y decidir lo que es necesario hacer hoy. Todos los días enfrentamos una incontable cantidad de opciones, pero no lo podemos hacer todo. Parte del crecimiento como seguidores de Cristo consiste en saber lo que necesitamos hacer hoy, lo que puede esperar hasta mañana y ¡lo que no es necesario hacer en absoluto!

Piensa en las palabras de Jesús en Mateo 6:34: «Por lo tanto, no se angustien por el mañana, el cual tendrá sus propios afanes. Cada día tiene ya sus problemas». En todas las cosas que pudiéramos hacer, necesitamos aprender a preguntar: «¿Qué quiere Dios que yo haga hoy?» Él nunca nos llamaría a hacer más de lo que podemos. Si nos extendemos más de la cuenta y nos agotamos, la culpa es nuestra.

Pregunta tres Este pasaje da algunas ideas generales sobre cómo usar o no usar nuestro tiempo. Anima a los miembros del grupo a sacar ideas del texto. Termina tu reflexión sobre el texto bíblico invitando a los miembros del grupo a resumir con sus propias palabras el significado de la enseñanza de Pablo. Concédeles uno o dos minutos para que reflexionen acerca de esto y tal vez hasta quieran escribir con claridad este mensaje usando sus propias palabras.

Definir el enfoque
Lee la Instantánea «Una vida desequilibrada» antes de la Pregunta 4

Preguntas cuatro y cinco Tal vez quieras invitar a los miembros del grupo a volver a mirar la gráfica circular que dibujaron en la sesión uno, pregunta cinco. Esto puede servir útil para estimular los comentarios. Todos tenemos aspectos a los que les estamos dedicando demasiado tiempo, y otros que requieren mayor enfoque y energía. Los comentarios sinceros acerca de esta cuestión dejarán libre a cada persona para que enfrente aspectos que necesita desarrollar.

Un aspecto que con probabilidad saldrá a relucir es el demasiado énfasis en el trabajo. Algunas personas son *adictas* al trabajo, mientras que otras tan solo asignan grandes segmentos de su gráfica al trabajo. Si una gran porción de nuestra gráfica se relaciona con las aspiraciones vocacionales, el resto de las dimensiones quedan marginadas y descuidadas. Cuando esto ocurre, no tienes tiempo ni energía para ser ese tipo de cónyuge, padre o amigo que necesitas ser.

Un profesor de la Universidad Cornell realizó un estudio para determinar la cantidad promedio de tiempo que los padres le dedican a sus pequeños hijos cada día. De hecho, el profesor colocó micrófonos en los padres y en los hijos y grabó la interacción directa entre ellos. Recogieron la información, analizaron los resultados y anunciaron que la cantidad promedio de tiempo que los padres de la clase media dedican a sus hijitos es de 37.7 segundos *al día*. Coloca esa información en un lado del espectro y luego considera esto: La cantidad promedio de tiempo que un niño de la clase media pasa cada semana mirando la televisión durante los años preescolares es de 54 horas. La próxima pregunta es obvia: ¿Quién está criando a ese niño? ¿Quién está ejerciendo influencia sobre esa pequeña vida? Si nuestra agenda está desequilibrada, los daños podrían ser peores de los que nos imaginamos.

Lee la Instantánea «Una vida equilibrada» antes de la Pregunta 6

Pregunta seis y siete El cuadro de una vida equilibrada da la impresión de ser la mejor de todas las situaciones. ¿No es el equilibrio lo mejor? Bueno, pero si lo miras más de cerca, verás que aunque tiene ciertas ventajas, el lugar que ocupa la fe es solo un segmento de la gráfica. Este método coloca la fe en un compartimento de la vida separado del resto. El problema de ese cuadro del «equilibrio» es que no es más que una fachada. Mantener a Cristo en una caja, en un compartimento, en una pequeña sección de la vida, nunca le dará resultado a la persona que desea convertirse en un devoto seguidor de Cristo. Como verás en «Una vida que sobrepasa el equilibrio», Cristo debe estar en el centro de cada faceta de la vida, y no ser tan solo una faceta más de esta.

Lee la Instantánea «Una vida que sobrepasa el equilibrio» antes de la Pregunta 8

Preguntas ocho y nueve Cristo merece estar en el centro de nuestra vida. Dios no parece tener interés en usar con poder a las personas que se consagren a él informalmente. Cualquier cosa que caiga en un plano menor que la devoción radical convierte en una burla lo que Cristo hizo por ti.

¿Qué sucede cuando Cristo está en el centro de tu vida? Piensa en la gráfica circular con la cruz en el centro. Imagina esa cruz con la capacidad de girar como un indicador en un juego de mesa. La Biblia dice que si Cristo está en el centro de tu vida, será tu guía. Él mostrará el camino. Eso significa que él señalará qué aspecto de tu vida necesitas destacar en un momento dado.

Es bastante ingenuo pensar que durante el resto de nuestras vidas vamos a mantener todas las piezas de la gráfica en la misma proporción. La vida tiene altas y bajas, y en algunas ocasiones hay ciertas partes de nuestra vida que demandan más atención. Los que trabajan en ciertas temporadas del año comprenden este concepto muy bien. Por ejemplo, los que llevan los libros y los contadores públicos certificados tienen que trabajar arduamente durante la época anterior al pago anual de los impuestos. En esos meses las cosas se sentirán desequilibradas. Si Cristo está en el centro de tu vida y te guía la libertad del Espíritu Santo, la cruz señalará tu vida vocacional durante esa temporada. Pero cuando termine esa temporada, el Señor te llevará a recompensar el tiempo perdido con tu familia, con las actividades recreativas y el aspecto espiritual de tu vida.

Las madres con niños pequeños también enfrentan esta situación. Ellas tienen una temporada de enfoque radical en la familia. Podrán sentirse desequilibradas, pero ese es un tiempo en que el servicio a la iglesia e incluso los asuntos personales necesitan dejarse en espera. Sin embargo, en medio de todo esto las madres necesitan estar seguras de que Cristo está en el centro de sus vidas.

Tener a Cristo en el medio de tu vida es la mejor manera de controlar ese monstruo del calendario. Es la manera más efectiva de llevarle disciplina a tu horario. Él es el Único que puede darte la seguridad de que el énfasis que le estás dando durante esa época de tu vida es correcto. Él está vivo y sigue siendo dinámico. Él puede moverse con las altas y las bajas de tu vida. Esto es lo que se llama «andar en el Espíritu». Hay una gran libertad en Cristo. Puedes disfrutar la confianza de saber que tu horario está bajo el control de Dios.

Sitúate en el cuadro

Reta a los miembros del grupo a tomar tiempo durante la próxima semana para usar parte o toda esta sección de aplicación como una oportunidad para ejercer un continuo crecimiento.

SESIÓN 3   TOMA CONTROL DE TU VIDA

El control de tu cuerpo
Romanos 12:1-2; 1 Corintios 6:19-20

Introducción

A través de la historia los cristianos han destacado la importancia del alma. Y es lamentable que se haya destacado el alma o el espíritu al punto de casi excluir toda la evidente enseñanza de las Escrituras en lo que respecta al cuerpo. Es cierto que Dios se interesa en las almas, pero también se interesa en nuestros cuerpos. Nos ve como seres completos, con nuestro cuerpo, nuestra alma y nuestro espíritu enlazados entre sí sin que haya ninguna separación. La dicotomía (separación del ser humano en cuerpo y alma) debe evitarse a toda costa. En resumen, Dios está interesado en ti y en todo lo que constituye lo que eres. Toda tu personalidad, constitución emocional, temperamento, cuerpo, alma y espíritu, le interesa a Dios. Esta sección destaca aquello que la iglesia no ha tomado tanto en consideración, y que es la importancia de nuestros cuerpos.

El gran panorama

Dedica unos momentos a leer esta introducción al grupo. Hallarás sugerencias de cómo hacerlo al principio de la sección del líder.

Una amplia perspectiva de tu mundo

Pregunta uno Todos tenemos historias que contar acerca de las diversas victorias y luchas que hemos tenido en el campo de batalla de la salud personal. Comienza con lo positivo. Afirma las victorias y los pasos de crecimiento que han dado los miembros del grupo. Después, permíteles contar algunas de esas historias de guerra. Colocar esta cuestión sobre el tapete, liberará la tensión para ser sinceros en lo que respecta a nuestras luchas personales.

Un retrato bíblico
Lee Romanos 12:1-2; 1 Corintios 6:19-20

Preguntas dos y tres Dios demostró su interés por nuestros cuerpos al decidir morar en el cuerpo de los seres humanos mediante el poder del Espíritu Santo. En el Antiguo Testamento leemos que Dios, en un momento del tiempo, decidió dar un enfoque de su presencia entre el pueblo. Con ese fin los llamó a construir un tabernáculo y, más tarde, un templo. En esos lugares Dios mostraba su presencia cada cierto tiempo. Cuando mandó al pueblo a construir el tabernáculo y el templo, Dios fue muy específico respecto a cómo debían construirlo. Exigió que usaran materiales y decoraciones elaboradas. Estos eran ornamentos rodeados de objetos preciosos que se mantenían de modo impecable. Esos edificios eran objeto de pavor porque Dios, de tiempo en tiempo, mostraba su presencia allí.

Sin embargo, en el Nuevo Testamento los escritores desplegaron una sorprendente verdad: Anunciaron que Dios decidió que se iba a mudar. Tendría un nuevo domicilio, ya no iba a mostrar más su presencia dentro de los edificios. El apóstol Pablo y otros escritores anunciaron que Dios cambiaría su residencia a los cuerpos de los creyentes individuales.

Él piensa tanto en los cuerpos humanos que cuando las personas se convierten en creyentes, vive dentro de cada una de ellas en la presencia de su Espíritu Santo. Con esto presente, Dios promulgó un mandato completo concerniente a cómo debemos tratar nuestros cuerpos. Somos sus templos y debemos ofrecernos como sacrificios vivos.

Definir el enfoque
Lee la Instantánea «Dios cuida de tu cuerpo» antes de la Pregunta 4

Pregunta cuatro Dios ha hecho provisiones muy generosas para nosotros. Tomen tiempo como grupo para celebrar con franqueza lo que Dios hizo para probar su interés por ti al satisfacer tus necesidades.

Pregunta cinco ¿Qué cambio habría esta semana si Dios estuviera físicamente andando contigo a cada momento? ¿Lo podrías imaginar? Ese Dios que te ama, que dio a su Hijo por ti, ¿caminando contigo a cada paso del camino? ¿Qué sería diferente en tu semana? ¿Cómo se modificaría tu lenguaje? ¿Cómo usarías tu tiempo libre? ¿Cómo tratarías a tu familia, tus amigos, tus vecinos y colegas del trabajo? ¿En qué consistiría esa modificación?

En realidad, Dios está contigo en cada momento del día. Él ve lo que haces, escucha lo que dices e incluso conoce las intenciones de tu corazón. Por medio del Espíritu Santo Dios está en ti y contigo todo el tiempo.

Lee la Instantánea «¿Qué pones dentro de tu cuerpo?» antes de la Pregunta 6

Pregunta seis Aquí es donde radica la pregunta crucial. Si estamos poniendo combustible de chatarra en nuestros cuerpos, tendremos que esperar un pobre funcionamiento de este. Y si, por el contrario, ponemos combustible de alta calidad en el tanque de nuestras vidas, podremos esperar un desempeño mucho mejor.

No tenemos el derecho de mirar con enfado al cielo y demandar una explicación de Dios, si durante años y años le echamos basura a nuestros organismos y experimentamos deterioro físico y serios problemas de salud. Nos preguntamos por qué él, arbitrariamente, decidió afligir a una persona tan justa y pía como la que soy. En realidad, hemos estado abusando de nuestros cuerpos durante años, llenándolos de veneno. La culpa no es de Dios en lo absoluto.

Se realizó un estudio de diez años acerca de los efectos de una dieta alta en colesterol. No nos sorprende descubrir que una dieta alta en colesterol aumenta la presión de la sangre y produce más altos porcentajes de ataques al corazón. Uno de los mejores expertos en nutrición pregunta: «¿Tienen los Estados Unidos un problema de salud?» Obsérvalo de esta manera: En el año 1900 se desconocían las enfermedades del corazón, pero en la actualidad se ha convertido en las mayores asesinas. En la actualidad, la mayor parte de los alimentos en Estados Unidos mantienen la vida pero no la salud.

La mayor parte de los problemas subyacentes de salud que causan un alto índice de muerte en los Estados Unidos se podrían arreglar mejorando la dieta. Compramos los alimentos por su buen sabor, nuestra conveniencia y según nuestros hábitos, no según las necesidades de nutrición. Los alimentos procesados aumentaron de un diez por ciento de la dieta norteamericana en 1940 a más de un sesenta por ciento actualmente. Cuarenta por ciento de todos los norteamericanos son obesos.

Además, un número creciente de nuestros niños reciben la influencia de los comerciales, y esos niños están creciendo con sobrepeso. Los cereales dulces para el desayuno, las galleticas dulces, los caramelos, las gomas de mascar, las meriendas, las tortas y los pasteles congelados casi forman las dos terceras partes de los anuncios de alimentos televisados dirigidos a los niños. Esos anuncios tienen formas sutiles de llevarles a creer que el producto no solo es delicioso y divertido para comer, sino que también es bueno para ellos. Por lo general, los alimentos que se les permite a los niños consumir durante los primeros años de su vida, más tarde se convierten en sus favoritos. Necesitamos comenzar por nosotros mismos, pero también debemos enseñarle a la próxima generación que llenen sus cuerpos con combustible que los conduzcan a una vida de alto funcionamiento y que honre a Dios.

Lee la Instantánea «Cómo mantienes tu cuerpo en forma» antes de la Pregunta 7

Pregunta siete Todos podemos tener abundantes razones para explicar por qué es difícil hacer ejercicios y establecer un patrón de condicionamiento físico regular. Sé sincero con respecto a estos impedimentos para la salud y también comenta cómo puedes quitarlos. Invita a otros miembros del grupo a alentarte, orar por ti y ser ellos a quienes puedas rendir cuentas. Hasta podrías llegar a comprometerte a caminar, correr o hacer ejercicios junto con ellos. Las relaciones que establecemos con los demás constituyen una gran manera de crear condiciones para rendir cuentas de forma regular en ese aspecto de la vida.

Lee la Instantánea «Cómo usas tu cuerpo» antes de la Pregunta 8

Preguntas ocho y nueve Termina tu sesión expresando metas prácticas para desarrollar la habilidad de controlar tu salud personal. Las metas variarán: correr a intervalos regulares, cambiar los hábitos de comidas, dejar de fumar, dormir más o alguna otra señal práctica de un avance deseado en este aspecto. Asegúrate de terminar la reunión orando por aquellos que se comprometieron a desarrollar una meta de crecimiento específico hacia el control de sus cuerpos.

SITÚATE EN EL CUADRO

Reta a los miembros del grupo a tomar algún tiempo la semana siguiente para usar parte o toda esta sección de aplicación como una oportunidad para ejercer un continuo crecimiento.

SESIÓN 4 — TOMA CONTROL DE TU VIDA

El control de tus finanzas
1 Timoteo 6:6-10; Proverbios 30:8-9; Hebreos 13:5

Introducción

La meta de esta sesión es instruirte e inspirarte para que logres un control de tu dinero. El monstruo del dinero es un personaje difícil de sujetar. Después de todo, vivimos en una cultura obsesionada con el deseo de ganarlo, ahorrarlo ¡y gastarlo! A todos nos ha absorbido el laberinto de la confusión concerniente al dinero.

Lo que necesitamos hacer es aprender cómo controlar nuestras finanzas para no caer presa de los patrones que ocasionarán temor, ansiedad, frustración y fricción, lo que con frecuencia se relaciona con las finanzas personales. En esta sesión nos enfocaremos en las tres grandes amenazas a tu libertad financiera personal: los efectos de los comerciales engañosos, la facilidad de obtener crédito disponible y la ausencia de prácticas disciplinadas para presupuestar. La meta será librarnos de la fuerza magnética de las finanzas para poder dirigir nuestra atención de nuestras vidas al amor a otros y a Dios con todo nuestro corazón, nuestra alma, nuestra mente y nuestras fuerzas.

El gran panorama

Dedica unos momentos a leer esta introducción al grupo. Hallarás sugerencias de cómo hacerlo al principio de la sección del líder.

Una amplia perspectiva de tu mundo

Pregunta uno El dinero puede traer gran gozo y libertad. Pero también puede causar un desespero y dolor indescriptibles. Comienza la reunión con tu grupo describiendo cómo has experimentado ambos extremos de este espectro.

Un retrato bíblico
Lee 1 Timoteo 6:6-10; Proverbios 30:8-9; Hebreos 13:5

Preguntas dos y tres La Biblia está llena de enseñanzas sobre cómo manejar las finanzas personales. Cierta vez oí decir que dos terceras partes de las parábolas de Jesús tienen algo que ver con el dinero. Las enseñanzas del Maestro acerca del dinero nos informan que la vida tiene mucho más que ofrecer que el todopoderoso dólar y lo que este puede comprar. Jesús pronuncia muy fuertes argumentos sobre las personas a quienes les obsesiona el deseo de adquirir más dinero, y sin excusas de ninguna clase les llama tontos. Son tontos los hombres y las mujeres que procuran el dinero y las cosas materiales como su meta en la vida.

La Biblia dice que el dinero en manos de las personas adecuadas, si se maneja de un modo correcto, puede realizar obras maravillosas para Dios y para los demás. El dinero se puede usar para alimentar a los pobres, vestir a los desnudos, sanar a los enfermos, apoyar las familias, educar niños, permitir que se realicen viajes y expandir oportunidades, entre otras buenas cosas. El dinero se puede usar para apoyar a las viudas y a los huérfanos y para incrementar el avance del mensaje del amor de Dios por medio de las actividades del reino.

Pero la Biblia dice que el dinero en manos de las personas inadecuadas, quienes le dan mal uso, termina causando estragos en nuestra sociedad. Ese tipo de dinero provoca avaricia, opresión, envidia, egocentrismo, desigualdad e injusticia. Por esa razón la Biblia enseña que el amor al dinero es la raíz de todos los males.

He visto ambas caras de esta moneda, ¡y tú también! He visto personas que mantienen su dinero en la perspectiva correcta. Decidieron cuánta energía invertir en ganarlo y no son adictas a ganarlo. He visto a seguidores de Cristo aprender cómo controlar el dinero para que este nos los controle a ellos. Los he visto invertir el dinero con sabiduría y compartirlo con generosidad. Esas personas parecen saber cómo manejarlo y viven con libertad. Se sienten satisfechas y confiadas en todos sus asuntos financieros. Controlan su dinero, y esa debe ser la meta para cada una de nuestras vidas.

Definir el enfoque

Lee la Instantánea «¡Ten cuidado con la "mentira permisible"!» antes de la Pregunta 4

Preguntas cuatro y cinco Cuando se trata de anuncios, se permite casi todo. Verdades completas se convierten en medias verdades, la realidad se convierte en fantasía, la persuasión se convierte en manipulación. El problema es que esas campañas nos bombardean por todas partes. Todos los periódicos, las revistas, carteleras, letreros de neón, programas de radio y televisión y el vestíbulo de los aeropuertos a donde acudimos, proyectan un mensaje. Compra esto, prueba esto, viaja aquí, cree nuestro lema, confía en nuestra promesa. El volumen absoluto agota nuestras defensas.

Más allá del volumen de esta avalancha de comerciales está la efectividad de algunos de ellos. Nos hacen sentir que *tenemos que comprar*. Llego a casa tras un largo día de trabajo, me siento en la esquina del sofá y cambio los canales de la televisión para ver las noticias. De repente veo el comercial de un restaurante conocido. Observo un plato suculento a todo color frente a mi cara. Al verlo, ya tengo hambre..., una lechuga verde, el maíz amarillo, un bistec jugoso. Junto al bistec apetitoso hay patas de cangrejo nadando en la mantequilla derretida. En el cuadro aparece una mano exprimiendo un limón, y la cámara capta cada gota del jugo de este chorreando por todas partes. Sin siquiera pensarlo, la boca se me hace agua. Me descubro llamando a Lynne, mi esposa, y le digo: «¿Qué hay de comida?» Ella, con indiferencia, contesta desde la cocina: «Hamburguesas de soya con cereales campestres». O, al menos, eso es lo que me parece oír mientras mis ojos siguen fijos en el plato de alimento de la televisión. ¿Cómo puede ella competir con esta imagen fabricada con tanto cuidado? Todo en mi interior quiere decir: «Salgamos a comer esta noche». ¿No te ha pasado esto?

Creo que los anuncios de cerveza le ponen la tapa al pomo. Luego de ver un juego de fútbol profesional, terminas sintiéndote como un fenómeno de la naturaleza si no te tomas una cerveza. Los comerciales te martillean uno tras otro. Comienzas a pensar: *Quiero sentarme alrededor de esos manteles de cuadros rojos, darle palmadas en la espalda a la gente y participar en el gozo, la risa y la camaradería que parece siempre acompañarles mientras se toman unas de esas cervezas frías,* por lo menos en los comerciales.

Si miras suficientes anuncios de cervezas, terminas pensando que el compañerismo genuino se disfruta mejor en los bares.

Cierta vez estuve observando un juego de fútbol con un alcohólico que se estaba recuperando de ese vicio, y tras un gran anuncio de cerveza, musitó algo a ese efecto: «Ellos hacen que el infierno luzca como el cielo». Yo sabía con exactitud lo que él quería decir. Me encantaría exigir que las compañías cerveceras ofrecieran el mismo tiempo para mostrar la otra cara de la moneda. Me gustaría que exhibieran el cuadro de una familia pasando por una intervención de la policía porque papi acaba de perder su trabajo y volvió a pegarle a mami. Tal vez podríamos escuchar una breve historia que contara alguna niñita que está creciendo sin su papá porque alguien se emborrachó y decidió que de todas formas podría conducir hasta la casa. Esta es la parte de la historia que nunca vemos en esos ingeniosos comerciales.

Lee la Instantánea «Lo quiero todo, y lo quiero ahora» antes de la Pregunta 6

Preguntas seis y siete Proverbios 22:7 nos advierte en cuanto a la seducción de obtener crédito de un modo fácil. Nos dice que el que toma prestado se convierte en el esclavo del que le presta. El concepto de la esclavitud puede crear vívidas imágenes en nuestras mentes. Pensamos en aquellos que están atados, atrapados y desesperados, sintiendo que nunca más volverán a ser libres. Y así mismo es como uno se siente cuando se involucra en una transacción de crédito que se obtiene con facilidad y luego tiene que liciar con grandes pagos mensuales. Eres un esclavo. Te sientes atrapado y atado. De repente te percatas que aunque sigas haciendo pagos mensuales, lo más probable es que nunca saldrás de esa trampa.

Nunca debes pedir un préstamo para algún artículo que deprecia. Esta regla se aplica a casi todas las cosas con la excepción, quizás, de los bienes raíces o una casa. Si tomas prestado para adquirir muebles, efectos eléctricos, ropa o cualquier cosa que devalúe con rapidez, en el momento que sales de la tienda ya recibiste una paliza. Ahora estás pagando por algo que cada vez vale menos y menos. Y, sobre todo, ten cuidado con las tarjetas de crédito. Úsalas solo como un objeto de identificación personal. Págalo todo en efectivo. Aprende a decir que no. Nunca llegarás a controlar tus finanzas hasta que aprendas a decir que no a esas tarjetas de crédito que se ofrecen con facilidad.

NOTAS PARA EL LÍDER

Lee la Instantánea «Cuando los gastos se extralimitan» antes de la Pregunta 8

Pregunta ocho Termina la reunión con tu grupo dedicando un tiempo a decir la verdad. Haz que los miembros del grupo terminen una de las declaraciones de la pregunta. Aliéntales a responder si tienen alguna perspectiva o un mensaje sabio que comunicar.

Sitúate en el cuadro

Reta a los miembros del grupo a tomar tiempo en la próxima semana para usar parte o toda esta sección de la aplicación como una oportunidad para ejercer un continuo crecimiento.

TOMA CONTROL DE TU VIDA — SESIÓN 5

El control de tu vida espiritual
Hebreos 4:14-16; 10:19-25

Introducción

En lo que respecta a la asistencia a la iglesia, hay muchos factores motivadores. También hay muchas motivaciones para desarrollar nuestras vidas espirituales. En esta sesión no nos enfocaremos en la asistencia a la iglesia como un asunto primordial, aunque lo cierto es que esta constituye una parte clave en el desarrollo como seguidores de Cristo. En su lugar, nos enfocaremos en la manera de abordar el tópico del desarrollo espiritual. Identificaremos algunos de los riesgos que corremos al emplear los métodos militarista y libertario, y luego nos enfocaremos en el valor del método creativo y dinámico para nuestras vidas espirituales, que invitan a la libertad y a darle oportunidad al Espíritu Santo para que obre en nuestro interior durante cada momento del día.

El gran panorama

Dedica unos momentos a leer esta introducción al grupo. Hallarás sugerencias de cómo hacerlo al principio de la sección del líder.

Una amplia perspectiva de tu mundo

Pregunta uno Cada persona tiene su conjunto de razones para asistir a los cultos. Aunque el desarrollo espiritual por medio de la adoración colectiva no es el enfoque principal de la sesión que estamos estudiando, estos comentarios ayudarán a los miembros del grupo a tomarle el pulso a los que se han motivado a dar un paso más de crecimiento espiritual en el pasado y lo que les está motivando ahora.

Un retrato bíblico
Lee Hebreos 4:14-16; 10:19-25

Preguntas dos y tres Es de naturaleza humana sentirse indigno en presencia de un Dios perfecto y santo. Muchos seguidores de Cristo evitan la intimidad con Dios porque se sienten indignos. La buena noticia de Dios es que él nos ama aunque no lo merezcamos. Por medio de Cristo y la sangre que derramó en la cruz, se abrió el camino hacia la relación con nuestro Padre celestial.

Nos podemos acercar al Padre con franqueza y confianza. Piensa en eso. El Hacedor del cielo y de la tierra abrió su puerta y dijo: «¡Entra en cualquier momento!» Cuando Dios extiende una invitación, lo dice de verdad. Quiere que nos relacionemos con él a través de todo el día. Ha abierto la brecha para que día a día y momento tras momento podamos experimentar el gozo de nuestra relación con él.

Definir el enfoque
Lee la Instantánea «El método militarista» antes de la Pregunta 4

Preguntas cuatro y cinco Cuando alguien alienta a un seguidor de Cristo a adoptar un método militarista de devoción, no está dando una idea del todo mala; lo que en realidad sugiere es algo bueno. ¿Qué tiene de malo la lectura de la Biblia y la oración de forma regular y disciplinada? Dicho sea de paso, el analfabetismo bíblico corre rampante en toda la cristiandad. Algunas personas solo tienen un ápice de todo el contenido de la verdad de Dios. Lo cierto es que nunca han aprendido la verdad de la Palabra de Dios. La lectura de la Biblia expande nuestras perspectivas sobre el conocimiento de quién es Dios y de cuán fiel ha sido a través de la historia. Esto es esencial e imperativo.

Sin embargo, aunque ese método sea valioso, no es el mejor. Aunque existen algunas ventajas en el estilo de las devociones rigurosas, regimentadas y militaristas, lo cierto es que tienen algunos inconvenientes. El primero es que tiene la tendencia de compartimentar su relación con Dios. Es como si él ejerciera su impacto con intensidad durante unos treinta minutos, y después de tener tu momento de devoción, te levantas de la mesa, pones tu Biblia a un lado y continúas tu día... como siempre.

Otro aspecto de este método es que tiene la tendencia de convertirse en una práctica mecánica, repetitiva y sin sentido. Lo mismo y lo mismo de antes puede llevar al aburrimiento.

Este método también puede producir una gran dosis de culpabilidad. Si no mantienes el régimen, te sientes terrible. ¡Le has fallado a Dios y a ti mismo! Si esa vez te sientes seco y dejas de hacerlo algunos días, podrás sentirte fracasado.

Ahora imagínate mantener el régimen fielmente, todos los días, de manera que lo consideres una rutina constante. Esto puede generar un tipo de orgullo espiritual venenoso. Supongamos que un grupo de cristianos está sentado alrededor de la mesa del desayuno y uno de ellos dice: «Bueno, estuve celebrando mi tiempo de devociones a las 4:30 de la mañana...» Y todos los demás se encogen sintiéndose culpables. Se sienten mal por no ser tan espirituales como él, y a su vez él se siente orgulloso por sus proeza de disciplina espiritual. Todos lo miran y piensan: «¿*Las cuatro de la mañana? ¡Qué barbaridad! Hoy apenas pude llegar a tiempo a esta reunión mientras que este gigante espiritual ¡estaba despierto a las cuatro y media en comunión con Dios!*» El problema es que esta es la reacción precisa que con más probabilidad está procurando. El orgullo se apoderó de él.

Lee la Instantánea «El método libertario» antes de la Pregunta 6

Preguntas seis y siete Si yo tuviera que escoger el extremo al cual las personas se deben aproximar, las invitaría a inclinarse al método militarista. Por lo menos, este les ayudaría a desarrollar hábitos constantes de estudio bíblico y oración, porque aún estoy por encontrarme con una persona con actitudes libertarias que se incline a establecer una relación con Dios y que alguna vez haya llegado a mucha espiritualidad. Estos individuos rara vez ayudan a otros, su crecimiento es esporádico, y casi nunca sienten ardor en sus vidas. No veo a los libertarios sintiendo celo por Dios. No tienen la tendencia de avanzar a pasos agigantados al establecer sus relaciones con Cristo.

Tienen la tendencia de dejar que su relación con Cristo se deslice y observan sus Biblias empolvarse. Sus corazones se enfrían mientras esperan que el «sentimiento» los mueva. Es triste reconocer que con el tiempo muchas de esas personas se apartan del Señor.

NOTAS PARA EL LÍDER

Lee la Instantánea «El método creativo-relacional» antes de la Pregunta 8.

Pregunta ocho Muchos de nosotros hemos tenido esos momentos maravillosos en que nos sentimos vinculados a Dios. Hasta en medio de una agenda ocupada, sentimos su presencia y su amor. La comunicación fluye con libertad y la relación es dulce. Cuenta algunas historias de esos momentos y celebra cómo Dios revela su presencia en nuestras vidas.

Pregunta nueve Todos enfrentamos cosas que actúan como obstáculos para tener intimidad con Dios. Identifica dónde existen esos obstáculos en varias facetas de nuestra vida. Identifica los impedimentos y explica cómo los puedes quitar de tu vida espiritual.

Sitúate en el cuadro

Reta a los miembros del grupo a tomar un tiempo la semana siguiente para usar parte o toda esta sección de aplicación como una oportunidad para ejercer el continuo crecimiento.

El control de tus relaciones
Génesis 2:15-23; Salmos 133:1

Introducción
En esta sesión final nos enfocaremos en el significado de las relaciones. Es crítico establecer fuertes vínculos con las personas que ejercen influencia positiva en nuestras vidas. Para una persona muy bien relacionada que tiene muchos amigos íntimos, la riqueza de la comunidad es algo que ya experimentó. Esta sesión será una afirmación y motivación para profundizar todavía más sus relaciones. Y para los del tipo Llanero Solitario, el significado de las relaciones aún no queda claro. En esta sesión nos concentraremos en cinco razones para procurar establecer relaciones fuertes y significativas. Dios nos creó para que nos relacionemos, y necesitamos comprometernos a controlar este elemento esencial de una vida saludable.

El gran panorama
Dedica unos momentos a leer esta introducción al grupo. Hallarás sugerencias de cómo hacerlo al principio de la sección del líder.

Una amplia perspectiva de tu mundo
Pregunta uno Comienza la reunión con tu pequeño grupo celebrando a aquellas personas que significan mucho para ti. ¿Qué le añaden a tu vida y qué perderías si se fueran?

Cuando yo pienso en las abundantes relaciones que tengo, me vienen muchos recuerdos a la mente. Recuerdo una ocasión en que fui con algunos hombres del personal de nuestra iglesia a *Camp Paradise* [Campamento Paraíso], (el campamento de nuestra iglesia). Pasamos un par de días paleando la nieve almacenada en los techos de las cabañas porque temíamos que el peso de esta pudiera tumbarlos. Una noche nos sentamos exhaustos alrededor del fuego de una de esas cabañas y nos pasamos unas horas relatando nuestras bendiciones. De repente, uno de ellos dijo: «Considero este momento como una de mis más grandes bendiciones. ¡Es un verdadero gozo estar con amigos y disfrutar de las buenas relaciones!» Continuó diciendo: «Para mí es asombroso pensar que si en realidad necesitara transporte durante dos o tres semanas, hay cuatro o cinco personas que me ofrecerían su auto. Si necesitara un préstamo, sé que hay cuatro o cinco personas que me lo ofrecerían. Si necesitara ayuda para realizar algo en mi casa, contaría con cuatro o cinco personas que llegarían si solo les diera una llamada telefónica». En cada una de sus palabras mostraban su seriedad, y todos nos sentamos allí con el profundo sentir de que tenía toda la razón.

Un retrato bíblico
Lee Génesis 2:15-23; Salmos 133:1

Pregunta dos Dios nos creó para que tuviéramos relaciones. Cuando Adán estuvo solo, Dios miró la situación y dijo: «Esto no está bien; falta algo en este cuadro». No fue hasta que Adán obtuvo una compañera que todo llegó a estar bien. Una vez que Adán y Eva establecieron una relación entre ellos, las cosas estuvieron «¡muy bien!» Desde el mismo principio, el plan de Dios era el de la comunidad.

Pregunta tres El diseño de Dios para nosotros no es sencillamente el de las relaciones, sino el de unas relaciones buenas, saludables que se destaquen por la unidad. Tomen tiempo como grupo para reflexionar acerca de cómo se vería una relación en la que dos personas experimentan la unidad. Dibuja un cuadro que exprese a qué se parecería una relación cuando la unidad invade la vida de cada persona. Después, voltea la cara de la moneda y comenta qué se destaca en una relación que la caracterice la desunión. El deseo de Dios es que vivamos juntos en unidad. Para saber lo que esto significa, necesitamos tener una idea acerca de cómo se ven la unidad y la desunión.

Definir el enfoque
Lee la Instantánea «Pongámosle fin a la soledad» antes de la Pregunta 4

Pregunta cuatro Todos hemos enfrentado épocas de soledad. ¡A veces sentimos esa soledad más profundamente cuando estamos rodeados de personas! Cede un tiempo al grupo para que cuenten sus historias. También reflexiona cómo las relaciones profundas y reales te han ayudado en tiempos de soledad.

Lee la Instantánea «Las relaciones significativas multiplican nuestro gozo» antes de la Pregunta 5

Pregunta cinco El gozo es contagioso. De la misma manera que hemos enfrentado tiempos de soledad, también hemos experimentado las cumbres del gozo. Si en realidad las relaciones multiplican el gozo, multiplíquenlo como grupo y cuenten sus historias sobre este bello sentir.

Lee la Instantánea «Las relaciones significativas dividen nuestras tristezas» antes de la Pregunta 6

Pregunta seis Hace algunos años mi esposa y yo liderábamos un grupo de discipulado. Durante los primeros seis a ocho meses me sentí como si hubiera tenido que vender una idea de comunidad al grupo. Dábamos la lección, orábamos juntos, realizábamos nuestro trabajo de memoria y estudiábamos la Biblia; pero con todo, se sentía como si no estuviéramos relacionándonos a un nivel profundo. Entonces ocurrió algo extraño. Uno de los miembros de nuestro grupo descubrió que tenía que sufrir una seria cirugía. La noche anterior a la cirugía todo el grupo se reunió y fuimos al hospital. Le preguntamos a la enfermera si podríamos ocupar un pequeño salón de conferencias y nos dio el permiso para hacerlo. Luego, diez de nosotros nos sentamos a la mesa en el salón de conferencias y comenzamos a orar. A través de ese proceso pude sentir a diez extraños convirtiéndose en parte de la familia. Después que todos oramos, el hermano en cuestión quiso orar, pero sostuvo una lucha. Su lucha no consistía en el temor para orar, sino que sintió que la comunidad lo había conmovido. Allí había personas que ocho meses antes él no conocía, pero todos estaban allí presentándolo ante Dios en oración. Esto es lo que significa dividir nuestras tristezas. Ese es el gozo de formar parte de la comunidad.

Lee la Instantánea «Las relaciones significativas nos ofrecen consejo» antes de la Pregunta 7

Pregunta siete Abrir la puerta para recibir el consejo es la mejor manera de experimentar la realidad de lo valioso que puede ser un consejo. Tomen tiempo como grupo para comunicar algún aspecto de sus vidas para el cual necesiten el consejo de otros seguidores de Cristo. Escucha a los otros miembros del grupo darte sus perspectivas y sus sabias opiniones.

NOTAS PARA EL LÍDER

Lee la Instantánea «Las relaciones significativas crean la ocasión para rendir cuentas» antes de la Pregunta 8

Preguntas ocho y nueve Proverbios 27:17 dice: «El hierro se afila con el hierro, y el hombre en el trato con el hombre». Se nos llama a afilar las vidas de nuestros hermanos y hermanas. ¿Sabes qué le ocurriría a tu vida espiritual, tu vida de negocios, tus finanzas o tu vida física si le dieras a los demás libre acceso? ¡Los cambios dramáticos serían inevitables! No pudieras detenerlos.

Es tiempo de decir: «Quiero ser un hombre de Dios. Quiero ser una mujer de Dios. Te invito a entrar a mi vida y sostenerme con la verdad. Quiero que me entrenes, quiero que me confrontes, quiero que me sigas alentando, quiero que me digas lo que estoy haciendo bien y lo que estoy haciendo mal. Muéstrame cómo puedo actuar mejor. Si oras por mí y me amas, haré lo mismo por ti». Si hicieras eso con algún hermano o hermana, se produciría una transformación radical en tu vida.

SITÚATE EN EL CUADRO

Reta a los miembros del grupo a tomar un tiempo la semana siguiente para usar parte o toda esta sección de aplicación como una oportunidad para ejercer el continuo crecimiento.

*Nos agradaría recibir noticias suyas.
Por favor, envíe sus comentarios
sobre este libro a la dirección que
aparece a continuación.
Muchas gracias.*

Editorial Vida®
.com

Editorial Vida
8410 NW 53rd Terrace, Suite 103
Miami, Florida 33166

vida@zondervan.com
www.editorialvida.com